2022 개정 교육과정에 맞춰
백점 사회는 이렇게 바뀌었어요.

2022 교육과정 주요 변화	백점 사회

자기주도학습 강조

학생 스스로 공부 계획을 세워 실천하고 평가
할 수 있도록 자기주도성을 키웁니다.

하루 4쪽 학습 구성

하루 4쪽 학습으로 학생 스스로 계획을 세우고
학습을 관리할 수 있습니다.

기초 소양 교육 강화

미래 변화에 대응하기 위해 필요한 역량으로
언어 소양, 수리 소양, 디지털 소양 교육을
강화합니다.

언어 소양
텍스트의 맥락을 이해하여 글쓰기 등으로
표현하고 소통하는 능력

수리 소양
다양한 상황에서 수학적 정보를 이해하고
해석하며 활용하는 능력

디지털 소양
디지털 도구를 사용하여 정보를 수집하고
분석하여 문제를 해결하는 능력

어휘와 문해력 학습 제공

과목별 교과 어휘 학습과 디지털 문해력
학습으로 언어 소양과 디지털 소양 역량을
키웁니다.

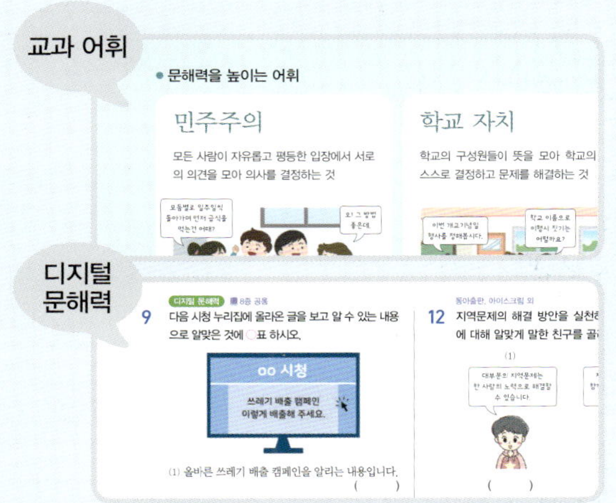

평가 방식 다양화

학생들의 학습 성취도에 따라 개인별 맞춤형
평가 및 서술형 평가를 확대합니다.

수행 평가 및 수준별 단원 평가 제공

다양한 서술형 유형 및 수행 평가 비중을 확대
하였습니다.

맞춤형 평가에 대비하여 수준별 단원 평가를
단원별 A단계, B단계로 제공합니다.

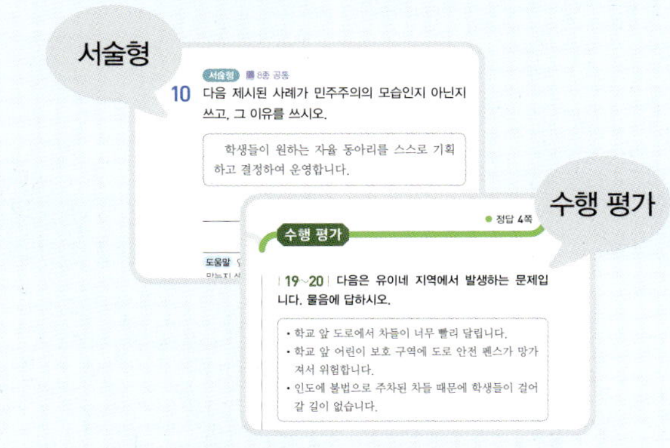

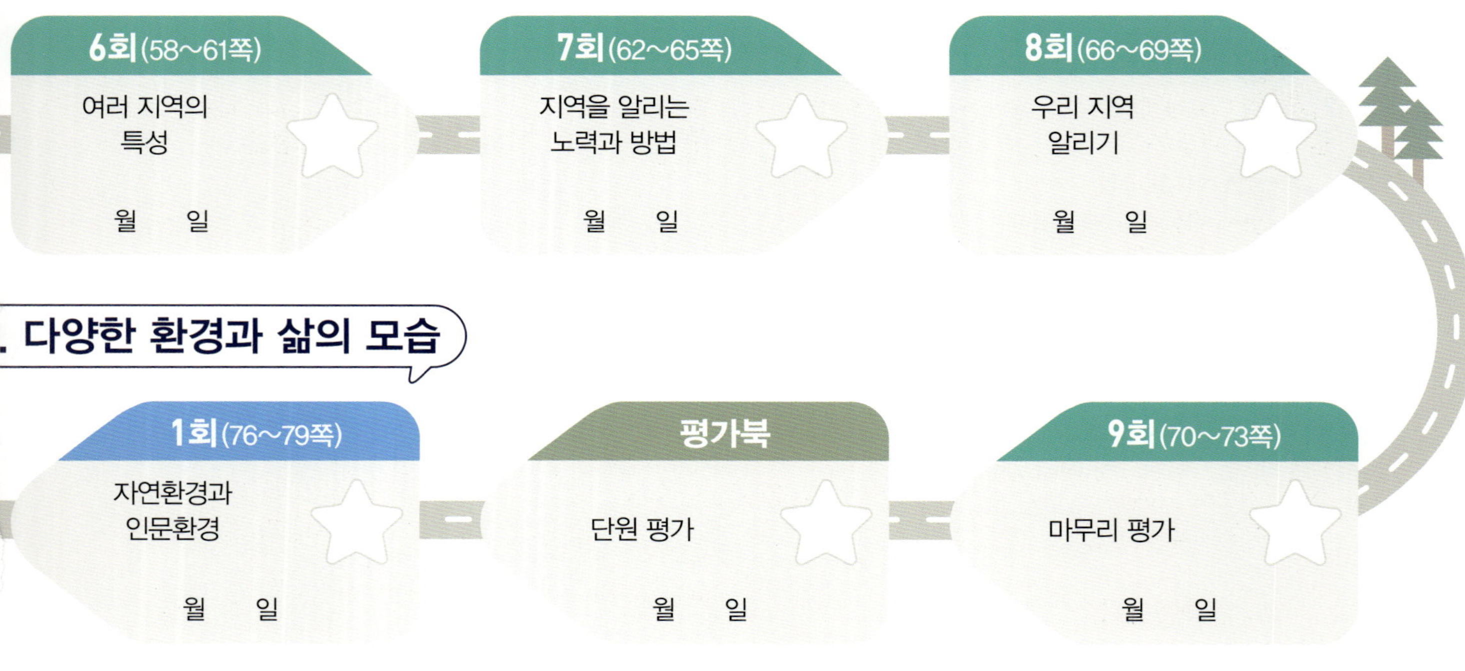

2회 (12~15쪽)
학교에서 민주주의를
실천하는 모습
월   일

3회 (16~19쪽)
학교 자치 활동에
참여하기
월   일

4회 (20~23쪽)
주민 자치의
모습
월   일

7회 (32~35쪽)
마무리 평가
월   일

6회 (28~31쪽)
지역문제 해결에
참여하기
월   일

5회 (24~27쪽)
다양한 주민 참여의
방법
월   일

6회 (58~61쪽)
여러 지역의
특성
월   일

7회 (62~65쪽)
지역을 알리는
노력과 방법
월   일

8회 (66~69쪽)
우리 지역
알리기
월   일

. 다양한 환경과 삶의 모습

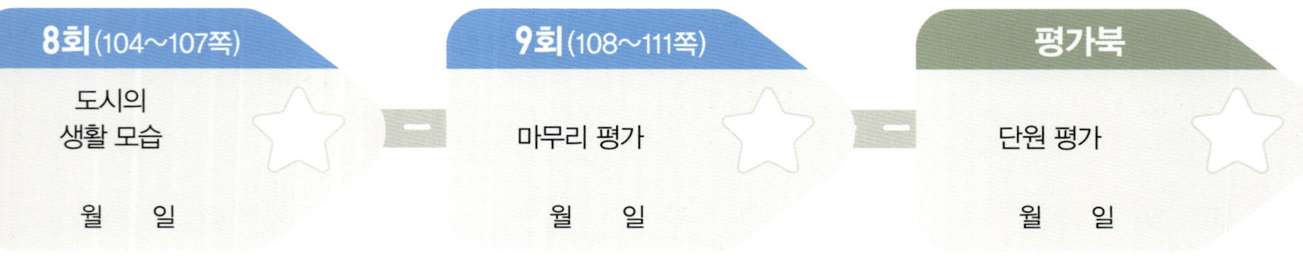

1회 (76~79쪽)
자연환경과
인문환경
월   일

평가북
단원 평가
월   일

9회 (70~73쪽)
마무리 평가
월   일

8회 (104~107쪽)
도시의
생활 모습
월   일

9회 (108~111쪽)
마무리 평가
월   일

평가북
단원 평가
월   일

학습 진도표

이용 방법
· 계획한 날짜를 쓰기
· 학습을 끝낸 후 색칠하기

1. 민주주의와 자치

1회(8~11쪽)
민주주의의
의미

월   일

2. 지역문제를 해결하고 지역을 알리는 노력

2회(42~45쪽)
지역문제 확인하고
원인 파악하기

월   일

1회(38~41쪽)
지역문제
알아보기

월   일

평가북
단원 평가

월   일

3회(46~49쪽)
지역문제 해결 방안
탐색하고 결정하기

월   일

4회(50~53쪽)
지역문제 해결 방안
실천하기

월   일

5회(54~57쪽)
지역을 나타내는
특성

월   일

4회(88~91쪽)
바다가 있는 지역의
특징과 변화

월   일

3회(84~87쪽)
들이 펼쳐진 지역의
특징과 변화

월   일

2회(80~83쪽)
산이 많은 지역의
특징과 변화

월   일

5회(92~95쪽)
환경 개발에 따른 지역
변화와 바람직한 방향

월   일

6회(96~99쪽)
도시의 의미와
특징

월   일

7회(100~103쪽)
우리나라의
여러 도시

월   일

백점 사회와 내 교과서 비교하기

활용 방법

1. 오늘 공부할 단원과 내용을 찾습니다.
2. 내가 배우는 교과서의 출판사명에서 공부할 내용에 해당하는 쪽수를 찾습니다.
3. 찾은 쪽수와 해당하는 백점 사회는 몇 쪽인지 확인합니다.

단원명		1. 민주주의와 자치		2. 지역문제를 해결하고 지역을 알리는 노력		3. 다양한 환경과 삶의 모습	
주제명		(1) 학교 자치와 민주주의	(2) 주민 자치와 주민 참여	(1) 지역문제를 해결하려는 노력	(2) 지역을 알리는 노력	(1) 지역의 다양한 환경과 변화	(2) 도시의 특징과 생활 모습
백점 사회 쪽수		8~19	20~31	38~53	54~69	76~95	96~107
교과서별 쪽수	동아출판	10~27	28~43	52~67	68~87	96~117	118~135
	미래엔	12~29	30~45	56~73	74~89	100~115	116~131
	비상교육	8~27	28~45	52~69	70~91	98~119	120~139
	지학사	8~27	28~45	52~69	70~89	96~115	116~133
	아이스크림 미디어	12~29	30~49	60~79	80~97	108~127	128~145
	천재교과서 (김정인)	10~29	30~47	54~71	72~89	96~115	116~135
	천재교과서 (박기범)	12~31	32~53	62~77	78~93	98~101	102~139
	YBM	10~27	28~45	54~73	74~91	100~119	120~141

백점

구성과 특징

 자기주도학습을 위한 **"하루 4쪽"** 구성

개념 학습 ＋ 문제 학습

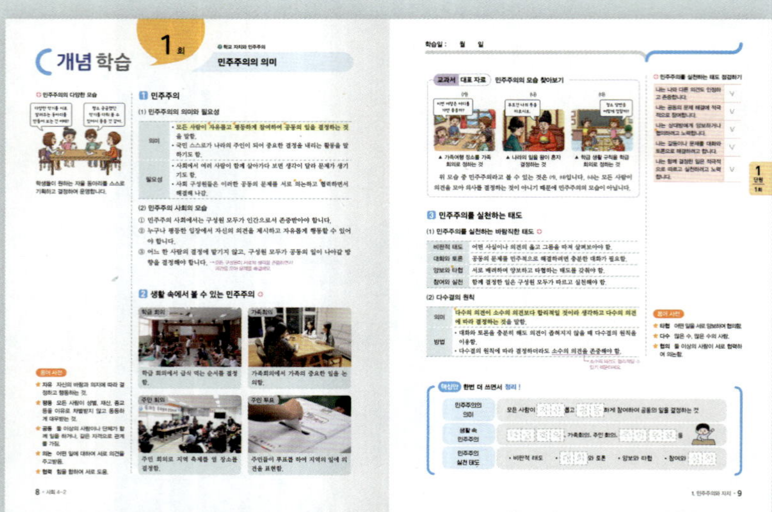

| **개념 학습** | 핵심 개념을 학습한 후 핵심 문장 쓰기를 통해 개념을 쉽게 이해할 수 있습니다.

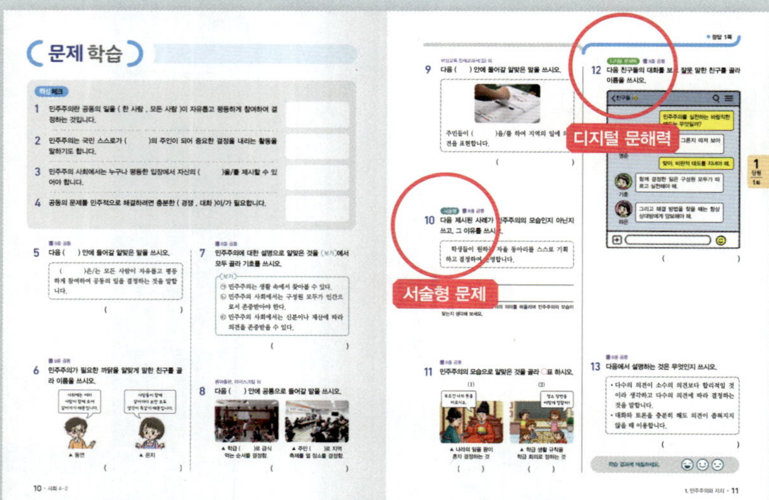

| **문제 학습** | 핵심 체크 문제와 서술형 문제 등 다양한 유형의 문제를 통해 실력을 쌓을 수 있습니다.
디지털 문해력: 디지털 매체 소재를 활용한 문제

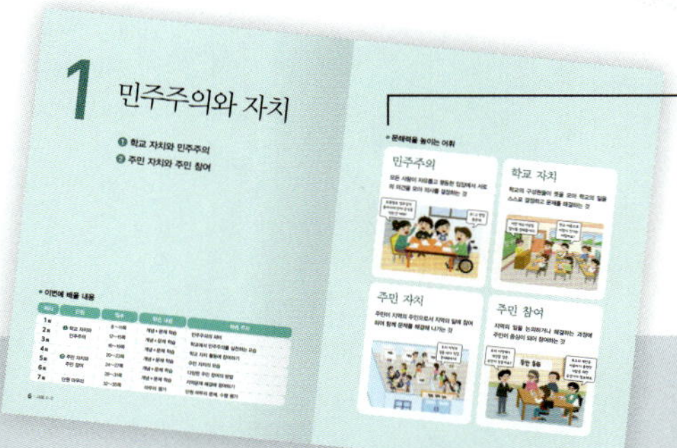

문해력을 높이는 어휘
교과서 어휘의 뜻과 그림 속
이야기를 통해 문해력 향상

평가북 맞춤형 평가 대비
수준별 단원 평가

마무리 평가

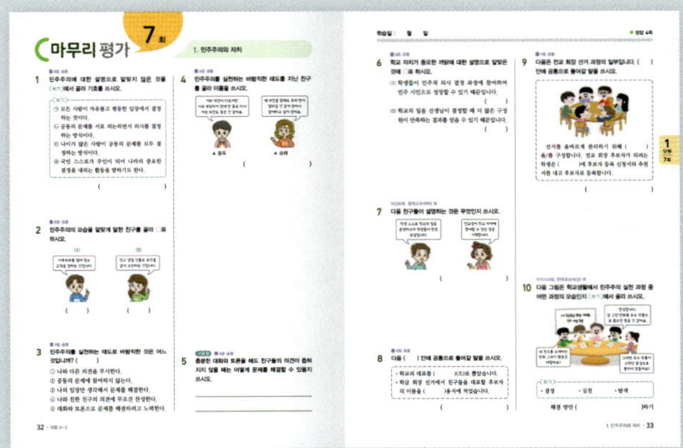

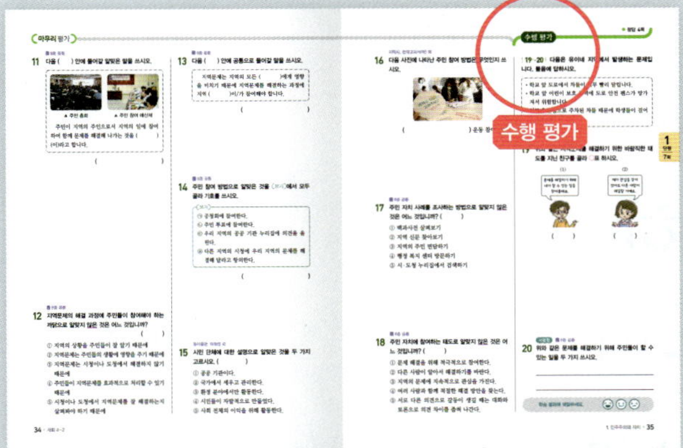

한 단원을 마무리하며 실력을 점검할 수 있습니다.
수행 평가: 학교 수행 평가에 대비할 수 있는 문제

단원 핵심 개념

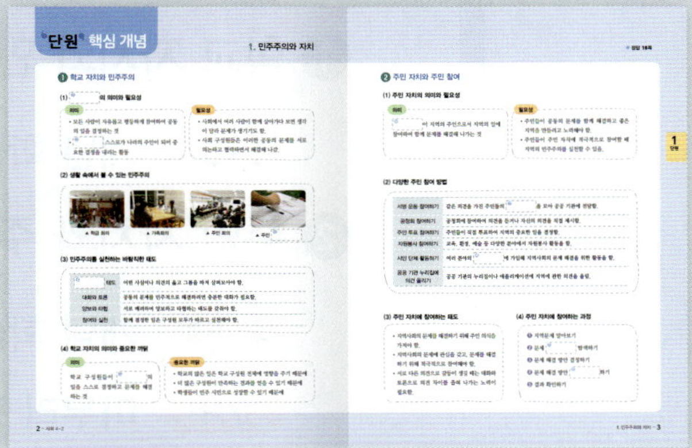

단원 핵심 개념을 정리하고, 배운 내용을 확인할 수
있습니다.

단원 평가 A단계, B단계

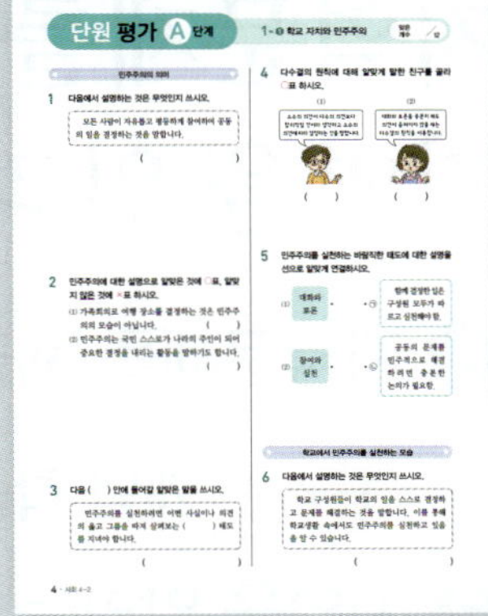

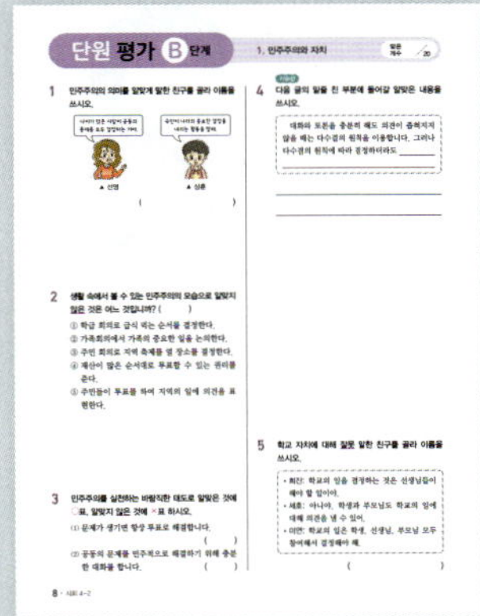

단원별 학습 성취도를 확인하고, 학교 단원 평가에 대
비할 수 있도록 수준별로 A단계, B단계로 구성하였습
니다.

차 례

1 민주주의와 자치

1 학교 자치와 민주주의

2 주민 자치와 주민 참여

● 이번에 배울 내용

회차	단원	쪽수	학습 내용	학습 주제
1회	**1** 학교 자치와 민주주의	8~11쪽	개념+문제 학습	민주주의의 의미
2회		12~15쪽	개념+문제 학습	학교에서 민주주의를 실천하는 모습
3회		16~19쪽	개념+문제 학습	학교 자치 활동에 참여하기
4회	**2** 주민 자치와 주민 참여	20~23쪽	개념+문제 학습	주민 자치의 모습
5회		24~27쪽	개념+문제 학습	다양한 주민 참여의 방법
6회		28~31쪽	개념+문제 학습	지역문제 해결에 참여하기
7회	단원 마무리	32~35쪽	마무리 평가	단원 마무리 문제, 수행 평가

민주주의

모든 사람이 자유롭고 평등한 입장에서 서로의 의견을 모아 의사를 결정하는 것

학교 자치

학교의 구성원들이 뜻을 모아 학교의 일을 스스로 결정하고 문제를 해결하는 것

주민 자치

주민이 지역의 주인으로서 지역의 일에 참여하여 함께 문제를 해결해 나가는 것

주민 참여

지역의 일을 논의하거나 해결하는 과정에 주민이 중심이 되어 참여하는 것

개념 학습

민주주의의 의미

민주주의의 다양한 모습

학생들이 원하는 자율 동아리를 스스로 기획하고 결정하여 운영합니다.

1 민주주의

(1) 민주주의의 의미와 필요성

의미	• 모든 사람이 *자유롭고 *평등하게 참여하여 *공동의 일을 결정하는 것을 말함. • 국민 스스로가 나라의 주인이 되어 중요한 결정을 내리는 활동을 말하기도 함.
필요성	• 사회에서 여러 사람이 함께 살아가다 보면 생각이 달라 문제가 생기기도 함. • 사회 구성원들은 이러한 공동의 문제를 서로 *의논하고 *협력하면서 해결해 나감.

(2) 민주주의 사회의 모습

① 민주주의 사회에서는 구성원 모두가 인간으로서 존중받아야 합니다.

② 누구나 평등한 입장에서 자신의 의견을 제시하고 자유롭게 행동할 수 있어야 합니다.

③ 어느 한 사람의 결정에 맡기지 않고, 구성원 모두가 공동의 일이 나아갈 방향을 결정해야 합니다. → 모든 구성원이 서로의 생각을 존중하면서 의견을 모아 문제를 해결해요.

2 생활 속에서 볼 수 있는 민주주의 ➕

학급 회의

학급 회의에서 급식 먹는 순서를 결정함.

가족회의

가족회의에서 가족의 중요한 일을 논의함.

주민 회의

주민 회의로 지역 축제를 열 장소를 결정함.

주민 투표

주민들이 투표를 하여 지역의 일에 의견을 표현함.

용어 사전

★ **자유** 자신의 바람과 의지에 따라 결정하고 행동하는 것.

★ **평등** 모든 사람이 성별, 재산, 종교 등을 이유로 차별받지 않고 동등하게 대우받는 것.

★ **공동** 둘 이상의 사람이나 단체가 함께 일을 하거나, 같은 자격으로 관계를 가짐.

★ **의논** 어떤 일에 대하여 서로 의견을 주고받음.

★ **협력** 힘을 합하여 서로 도움.

 민주주의의 모습 찾아보기

(가)

▲ 가족여행 장소를 가족 회의로 정하는 것

(나)

▲ 나라의 일을 왕이 혼자 결정하는 것

(다)

▲ 학급 생활 규칙을 학급 회의로 정하는 것

위 모습 중 민주주의라고 볼 수 있는 것은 ⑦, ㈐입니다. ㈑는 모든 사람이 의견을 모아 의사를 결정하는 것이 아니기 때문에 민주주의의 모습이 아닙니다.

➕ 민주주의를 실천하는 태도 점검하기

나는 나와 다른 의견도 인정하고 존중합니다.	V
나는 공동의 문제 해결에 적극적으로 참여합니다.	V
나는 상대방에게 양보하거나 ＊협의하려고 노력합니다.	V
나는 갈등이나 문제를 대화와 토론으로 해결하려고 합니다.	V
나는 함께 결정한 일은 적극적으로 따르고 실천하려고 노력합니다.	V

1
단원
1회

3 민주주의를 실천하는 태도

(1) 민주주의를 실천하는 바람직한 태도 ➕

비판적 태도	어떤 사실이나 의견의 옳고 그름을 따져 살펴보아야 함.
대화와 토론	공동의 문제를 민주적으로 해결하려면 충분한 대화가 필요함.
양보와 ＊타협	서로 배려하며 양보하고 타협하는 태도를 갖춰야 함.
참여와 실천	함께 결정한 일은 구성원 모두가 따르고 실천해야 함.

(2) 다수결의 원칙

의미	＊다수의 의견이 소수의 의견보다 합리적일 것이라 생각하고 다수의 의견에 따라 결정하는 것을 말함.
방법	• 대화와 토론을 충분히 해도 의견이 좁혀지지 않을 때 다수결의 원칙을 이용함. • 다수결의 원칙에 따라 결정하더라도 소수의 의견을 존중해야 함.

↳ 소수의 의견도 합리적일 수 있기 때문이에요.

용어 사전

＊ **타협** 어떤 일을 서로 양보하여 협의함.

＊ **다수** 많은 수, 많은 수의 사람.

＊ **협의** 둘 이상의 사람이 서로 협력하여 의논함.

핵심만 한번 더 쓰면서 정리 !

민주주의의 의미	모든 사람이 　자　유　롭고　평　등　하게 참여하여 공동의 일을 결정하는 것
생활 속 민주주의	학　급　회　의　, 가족회의, 주민 회의, 　주　민　투　표　 등
민주주의 실천 태도	• 비판적 태도　• 　대　화　와 토론　• 양보와 타협　• 참여와 　실　천

핵심 체크

1 민주주의란 공동의 일을 (한 사람 , 모든 사람)이 자유롭고 평등하게 참여하여 결정하는 것입니다.

2 민주주의는 국민 스스로가 (   )의 주인이 되어 중요한 결정을 내리는 활동을 말하기도 합니다.

3 민주주의 사회에서는 누구나 평등한 입장에서 자신의 (   )을/를 제시할 수 있어야 합니다.

4 공동의 문제를 민주적으로 해결하려면 충분한 (경쟁 , 대화)이/가 필요합니다.

📖 8종 공통

5 다음 (   ) 안에 들어갈 알맞은 말을 쓰시오.

> (   )은/는 모든 사람이 자유롭고 평등하게 참여하여 공동의 일을 결정하는 것을 말합니다.

(   )

📖 8종 공통

6 민주주의가 필요한 까닭을 알맞게 말한 친구를 골라 이름을 쓰시오.

▲ 동연

▲ 은지

(   )

📖 8종 공통

7 민주주의에 대한 설명으로 알맞은 것을 〈보기〉에서 모두 골라 기호를 쓰시오.

〈보기〉
> ㉠ 민주주의는 생활 속에서 찾아볼 수 있다.
> ㉡ 민주주의 사회에서는 구성원 모두가 인간으로서 존중받아야 한다.
> ㉢ 민주주의 사회에서는 신분이나 재산에 따라 의견을 존중받을 수 있다.

(   )

동아출판, 아이스크림 외

8 다음 (   ) 안에 공통으로 들어갈 말을 쓰시오.

▲ 학급 (   )로 급식 먹는 순서를 결정합니다.

▲ 주민 (   )로 지역 축제를 열 장소를 결정합니다.

(   )

비상교육,천재교과서(김) 외

9 다음 (   ) 안에 들어갈 알맞은 말을 쓰시오.

주민들이 (   )을/를 하여 지역의 일에 의견을 표현합니다.

(   )

[서술형] 📖 8종 공통

10 다음 제시된 사례가 민주주의의 모습인지 아닌지 쓰고, 그 이유를 쓰시오.

학생들이 원하는 자율 동아리를 스스로 기획하고 결정하여 운영합니다.

____

도움말 앞에서 배운 민주주의의 의미를 떠올리며 민주주의의 모습이 맞는지 생각해 보세요.

📖 8종 공통

11 민주주의의 모습으로 알맞은 것을 골라 ○표 하시오.

(1)

▲ 나라의 일을 왕이 혼자 결정하는 것

(   )

(2)

▲ 학급 생활 규칙을 학급 회의로 정하는 것

(   )

[디지털 문해력] 📖 8종 공통

12 다음 친구들의 대화를 보고 <u>잘못</u> 말한 친구를 골라 이름을 쓰시오.

(   )

📖 8종 공통

13 다음에서 설명하는 것은 무엇인지 쓰시오.

- 다수의 의견이 소수의 의견보다 합리적일 것이라 생각하고 다수의 의견에 따라 결정하는 것을 말합니다.
- 대화와 토론을 충분히 해도 의견이 좁혀지지 않을 때 이용합니다.

(   )

학습 결과에 색칠하세요.     

개념 학습 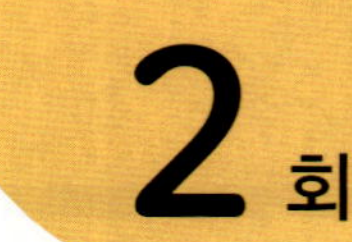 **2**회

학교에서 민주주의를 실천하는 모습

1 학교 자치와 학생 자치회

(1) 학교 자치의 의미: 학교 구성원들이 학교의 일을 스스로 결정하고 문제를 해결하는 것을 말합니다. ➕ → 학교 자치를 통해 학교생활 속에서도 민주주의를 실천하고 있음을 알 수 있어요.

(2) 학교 자치가 중요한 까닭

① 학교생활에서 함께 결정해야 할 일이 많고, 학교의 많은 일은 학교 구성원 전체에 영향을 주기 때문입니다.

② 학교의 일을 민주적으로 결정할 때 더 많은 구성원이 만족하는 결과를 얻을 수 있기 때문입니다.

③ 학생들이 민주적 의사 결정 과정에 스스로 참여할 수 있고 민주 시민으로 성장할 수 있기 때문입니다.

(3) 학생 자치회

→ 학교에서 선거로 학교와 학급의 대표를 뽑아 학생 자치회를 만들어요.

의미	학생 스스로 학교의 일을 운영하고자 학생들이 만든 모임을 말함.
하는 일	• 전교생이 학교 자치에 참여할 수 있는 일을 기획함. • 전체 학생을 대표해 학교의 일을 토의하고, 학교 규칙을 만드는 활동을 함.

2 학교에서 민주주의를 실천하는 사례

반 친구들과 의논해 학급 생활 규칙을 만들고 스스로 지켜나감. ➕

학생 행사에 대한 의견을 내고, 행사를 직접 운영하기도 함.

선거에 참여하여 학교의 대표를 직접 뽑음.

학급 도서 정리, 쓰레기 분리배출 등의 역할을 나누어 책임짐.

➕ 학생 참여 예산제

학생 참여 예산제는 학생들이 제안한 학교생활에 필요한 사업을 실현할 수 있도록 예산을 지원하고, 학생들이 직접 기획하여 운영하는 제도입니다.

이 제도를 통해 학생들은 학교생활에 필요한 시설이나 물품 등을 직접 제안하고 이에 관해 의논할 수 있습니다.

➕ 학급회의 내용

• 학급 생활 규칙을 정합니다.
• 우리 반 공동의 문제를 해결하기 위한 의견을 모을 수 있습니다.

용어 사전

★ **자치** 자기 일을 스스로 다스림.

★ **민주 시민** 민주주의의 원리를 존중하고 실천하는 태도를 가지며 개인적 행복을 추구하는 동시에 국가와 사회의 발전에 공헌할 수 있는 사람.

★ **자치회** 학교생활을 자치적으로 운영하기 위하여 학생들이 만든 학교 안의 조직.

★ **예산** 필요한 비용을 미리 헤아려 계산함. 또는 그 비용.

 초등학교 전교 회장 선거 과정 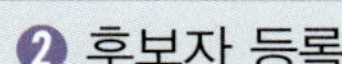

❶ [*]선거 관리 위원회 구성

선거를 올바르게 관리하기 위해 선거 관리 위원회를 구성함.

❷ 후보자 등록

전교 회장 후보자가 되려는 학생은 선거 관리 위원회에 후보자 등록을 함.

❸ [*]선거 운동

후보자들은 기호, 이름, [*]공약 등 자신을 알리는 내용이 담긴 홍보물을 만들어 선거 운동을 함.

❹ 후보자 토론

후보자들은 후보자 토론회에서 자신의 생각과 공약을 학생들에게 알리고 공약 관련 질문에 답변을 함.

❺ 투표

선거권을 가진 학생은 투표용지를 받아 투표함.

❻ 개표 및 당선인 결정

선거 관리 위원회가 투표 결과를 확인하고, 그 결과를 학생들에게 알림.

학교의 주인인 학생들이 선거에 참여하여 학급이나 학교의 대표를 뽑아요. 이러한 전교 회장 선거 과정도 학교에서 볼 수 있는 민주주의 모습이에요.

1 단원 / 2회

➕ **전교 회장을 뽑을 때 중요하게 생각해야 할 점**

- 학교를 잘 이끌어 갈 수 있는 사람을 뽑습니다.
- 학교 친구들의 의견을 귀 기울여 듣는 사람을 뽑습니다.

용어 사전

★ **선거 관리 위원회** 선거를 관리하고 홍보하는 등 선거에 관한 일을 맡아 하는 기관.

★ **선거 운동** 선거에서 당선되기 위해 선거할 권리를 가진 사람에게 후보를 알리고 표를 얻으려는 활동.

★ **공약** 후보자가 어떤 일을 실천하겠다고 하는 약속.

★ **당선인** 선거에서 뽑힌 사람.

핵심만 한번 더 쓰면서 정리 !

학교 구성원들이 학교의 일을 **스스로** 결정하고 문제를 해결하는 것 — 학교 자치의 의미

학생 자치회의 의미 — 학생 스스로 학교의 일을 운영하고자 **학생**들이 만든 모임

핵심 체크

1 학생 (   )은/는 학생들이 만든 모임으로, 전체 학생을 대표해 학교의 일을 토의합니다.

2 (   )은/는 학생들이 제안한 학교생활에 필요한 사업을 실현할 수 있도록 예산을 지원하는 제도입니다.

3 학교에서 (선거 , 현장 학습)에 참여하여 학교의 대표를 직접 뽑습니다.

4 전교 회장 선거 과정은 학교에서 볼 수 있는 (   ) 모습입니다.

📖 8종 공통

5 다음에서 설명하는 것은 무엇인지 쓰시오.

> 학교의 구성원들이 뜻을 모아 학교의 일을 스스로 결정하고 문제를 해결하는 것을 말합니다.

(   )

📖 8종 공통

6 학교 자치가 중요한 까닭을 알맞게 말한 친구를 골라 이름을 쓰시오.

> • 우재: 학생들이 민주적 의사 결정 과정에 참여하며 민주 시민으로 성장할 수 있기 때문입니다.
> • 보나: 학교의 일을 민주적으로 결정할 때 소수의 사람만 만족하는 결과를 얻을 수 있기 때문입니다.

(   )

📖 8종 공통

7 다음 (   ) 안에 공통으로 들어갈 말을 쓰시오.

> • 학교에서 선거로 학교와 학급의 대표를 뽑아 (   )을/를 만듭니다.
> • (   )은/는 학생 스스로 학교의 일을 운영하고자 학생들이 만든 모임입니다.

(   )

📖 8종 공통

8 학생 자치회에 대한 설명으로 알맞은 것에 ◯표 하시오.

(1) 전체 학생을 대표해 학교의 규칙을 만드는 활동을 합니다. (   )

(2) 소수의 학생이 학교 자치에 참여할 수 있는 일을 기획합니다. (   )

9 서술형 · 8종 공통

학교에서 민주주의를 실천하는 모습을 두 가지 쓰시오.

____

도움말 학교 행사나 우리 반에서 민주주의를 실천했던 모습을 떠올려 보세요.

10 디지털 문해력 · 8종 공통

다음 검색 결과를 보고, 지안이가 검색한 내용으로 알맞은 것에 ◯표 하시오.

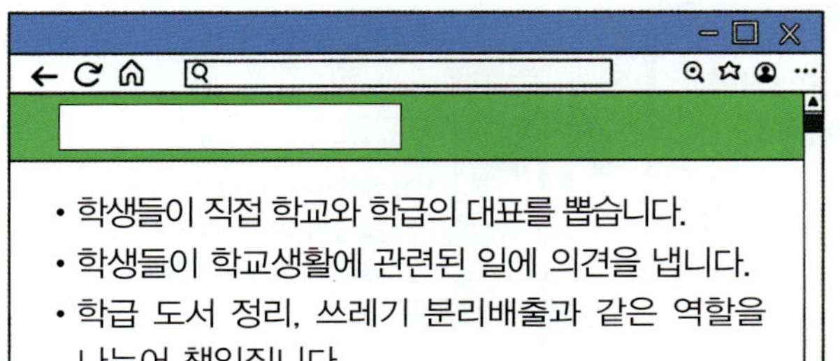

(1) 학교에서 민주주의를 실천하는 사례 (   )

(2) 학교에서 중요한 일을 결정할 때 주의할 점

(   )

11 · 8종 공통

다음 (   ) 안에 공통으로 들어갈 말을 쓰시오.

(   )

12 · 8종 공통

다음 (   ) 안에 들어갈 알맞은 말을 (보기)에서 골라 기호를 쓰시오.

(   )에 참여하여 학교의 대표를 직접 뽑습니다.

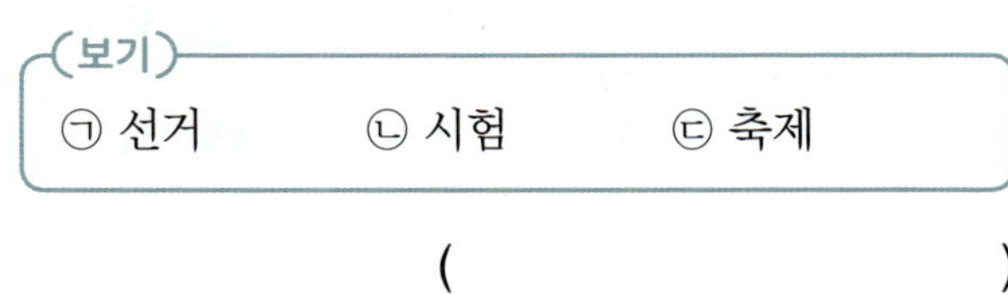

(보기)
ㄱ 선거   ㄴ 시험   ㄷ 축제

(   )

13 동아출판, 천재교과서(김) 외

다음 ㄱ~ㅂ 중 초등학교 전교 회장 선거 과정에서 가장 먼저 해야 할 일로 알맞은 것을 골라 기호를 쓰시오.

ㄱ 투표
ㄴ 선거 운동
ㄷ 후보자 등록
ㄹ 후보자 토론
ㅁ 개표 및 당선인 결정
ㅂ 선거 관리 위원회 구성

(   )

학습 결과에 색칠하세요.   

C 개념 학습  3회

학교 자치 활동에 참여하기

➕ 학교의 놀이터를 안전하게 바꾸는 과정

① 학교의 놀이터가 오래되어 학생들이 사용하기에 위험합니다. 학교 놀이터를 안전하게 바꿀 필요가 있습니다.
② 설문 조사를 통해 놀이기구의 종류와 놀이터 바닥* 소재에 관한 의견을 받았습니다.
③ 설문 조사를 바탕으로 놀이터를 바꾸는 방법을 결정합니다.
④ 결정한 방법대로 놀이터를 바꾸었습니다.
⑤ 새로운 놀이터에서 안전하게 놀 수 있게 되었다는 의견이 많이 생겼습니다.

1 학교생활에서 민주주의 실천 과정 

❶ 해결 해야 할 문제 확인하기 → ❷ 해결 방안* 탐색하기 → ❸ 해결 방안 결정하기 → ❹ 해결 방안 실천하기 → ❺ 결과 확인하기

2 학교생활에서 민주주의 실천하기 ➕

❶ 학교에서 함께 결정해야 할 중요한 일이나 해결해야 할 문제를 확인합니다.

❷ 각자 의견을 제시하고, 각 의견의 장점과 단점을 생각해 봅니다.

❸ 대화와 토론으로 의견을 조정하고* 민주적인 방법으로 결정합니다.

용어 사전

✱ **탐색** 모르는 사실을 알아내기 위하여 여러 방면으로 자세히 살피고 조사하는 것.

✱ **조정** 서로 다투는 의견이나 이해관계를 서로 잘 어울리도록 화해시키는 것.

✱ **설문 조사** 통계 자료를 얻기 위하여 어떤 주제에 대해 문제를 묻는 조사.

✱ **소재** 어떤 것을 만드는 데 바탕이 되는 재료.

④ 결정한 일이나 해결 방안을 실천합니다. ➕

⑤ 결과를 확인합니다.

교과서 대표 자료 학생들이 바꾼 학교 이름

부산광역시 기장군 대변리에는 '대변 초등학교'가 있었습니다. 이 학교의 이름은 주변의 놀림거리가 되었습니다. 전교 부회장 선거에 나온 한 학생이 학교 이름을 바꾸겠다는 공약을 내세웠습니다. 

그리고 이 학생이 당선되면서 학교 이름을 바꾸는 활동이 시작됐습니다. 학생들은 학부모, 졸업생, 지역 주민에게 도움을 요청하는 편지를 보내고, 학교 이름을 바꾸는 데 힘을 모아 달라는 *서명 운동을 벌였습니다. 이런 학생들의 노력으로 학교 이름을 '용암 초등학교'로 바꿀 수 있었습니다.

➕ 학교 문제의 해결 방안을 결정할 때 주의할 점

- 대화와 토론을 충분히 한 후, 서로 양보하고 협의해 가장 합리적인 해결 방안을 결정합니다.
- 의견이 모아지지 않으면 다수결의 원칙을 활용합니다. 해결 방안이 결정되면 잘 따르고 실천합니다.

용어 사전

★ **서명** 자기의 이름을 써넣는 것 또는 써넣은 그 이름.

핵심만 한번 더 쓰면서 정리 !

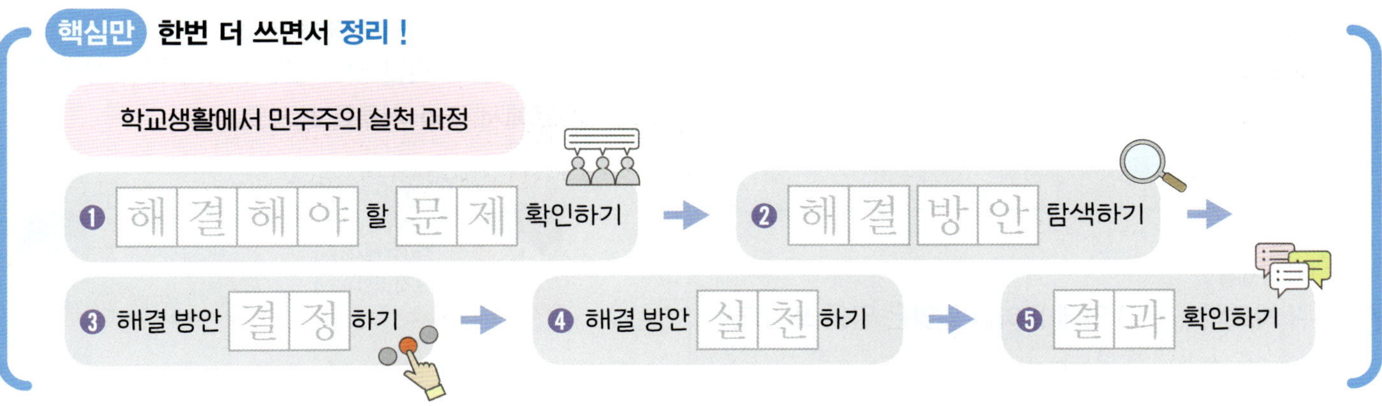

문제 학습

1 학교생활에서 민주주의를 실천할 때는 가장 먼저 학교에서 해결해야 할 문제를 (　　　)합니다.

2 학교생활에서 문제의 해결 방안을 (　　　)할 때는 각자 의견을 제시하고, 각 의견의 장점과 단점을 생각해 봅니다.

3 학교 문제의 해결 방안을 결정할 때는 대화와 토론으로 의견을 조정하고 (민주적인 , 일방적인) 방법으로 결정합니다.

4 학교 문제의 해결 방안을 실천한 후에 (　　　)을/를 확인합니다.

비상교육, 지학사 외

5 다음 내용과 관련 있는 민주주의 실천 과정은 무엇인지 쓰시오.

> 학교의 놀이터가 오래되어 학생들이 사용하기에 위험합니다. 학교 놀이터를 안전하게 바꿀 필요가 있습니다.

해결해야 할 (　　　　　　) 확인하기

| 6~8 | **다음 민주주의 실천 과정을 보고, 물음에 답하시오.**

> ㉠ 해결해야 할 문제 확인하기
> ㉡ 해결 방안 (　　　)하기
> ㉢ 해결 방안 결정하기
> ㉣ 해결 방안 실천하기
> ㉤ 결과 확인하기

8종 공통

6 위 자료의 (　　) 안에 들어갈 알맞은 말을 쓰시오.

(　　　　　　　)

8종 공통

7 다음 내용과 관련 있는 민주주의 실천 과정을 왼쪽 자료에서 골라 기호를 쓰시오.

> 대화와 토론으로 의견을 조정하고 민주적인 방법으로 결정합니다.

(　　　　　　　)

8종 공통

8 다음 그림과 관련 있는 민주주의 실천 과정을 왼쪽 자료에서 골라 기호를 쓰시오.

(　　　　　　　)

9
다음 그림은 학교생활에서 민주주의 실천 과정 중 어떤 모습인지 쓰시오.

____

____

도움말 학교생활에서 민주주의를 실천하는 과정을 떠올려 보세요.

10 동아출판, 아이스크림 외
다음은 학교의 놀이터를 안전하게 바꾸는 과정입니다. 순서대로 알맞게 기호를 쓰시오.

> ㉠ 설문 조사를 바탕으로 놀이터를 바꾸었습니다.
> ㉡ 새로운 놀이터에서 안전하게 놀 수 있게 되었다는 의견이 생겼습니다.
> ㉢ 설문 조사를 해서 놀이기구의 종류와 놀이터 바닥 소재에 관해 의견을 받았습니다.
> ㉣ 학교의 놀이터가 오래되어 학생들이 사용하기에 위험한 놀이기구가 많습니다. 학교 놀이터를 안전하게 바꿀 필요가 있습니다.

(　　　) → (　　　) → (　　　) → (　　　)

11
다음 인터넷 뉴스를 보고, 알 수 있는 점으로 알맞은 것에 ○표 하시오.

△△신문

　부산광역시 기장군 대변리에는 '대변 초등학교'가 있었습니다. 이 학교의 이름은 주변의 놀림거리가 되었습니다. 전교 부회장 선거에 나온 한 학생이 학교 이름을 바꾸겠다는 공약을 내세웠습니다.
　그리고 이 학생이 당선되면서 학교 이름을 바꾸는 활동이 시작됐습니다. 학생들은 학부모, 졸업생, 지역 주민에게 도움을 요청하는 편지를 보내고, 학교 이름을 바꾸는 데 힘을 모아 달라는 서명 운동을 벌였습니다. 이런 학생들의 노력으로 학교 이름을 '용암 초등학교'로 바꿀 수 있었습니다.

(1) 학생들의 노력으로 학교의 문제를 해결할 수 있습니다. (　　　)
(2) 학교의 문제를 해결할 때는 학부모와 선생님이 노력해야 합니다. (　　　)

12 8종 공통
학교 문제의 해결 방안을 결정할 때 주의할 점을 알맞게 말한 친구를 골라 이름을 쓰시오.

▲ 동환　　　▲ 지수

(　　　　　　　　　　)

학습 결과에 색칠하세요.   

주민 자치의 모습

➕ 다양한 주민 자치의 사례

- 주민들이 생활 속 불편을 개선할 수 있는 시설이나 바라는 시설을 설치해 달라고 누리집에 글을 올려 제안하기도 합니다.
- 지역에 필요한 조례를 주민들이 직접 제안하기도 합니다.

---

1 주민 자치의 의미와 필요성

(1) 주민과 주민 자치의 의미

주민	일정한 지역 안에 살고 있는 사람
주민 자치	주민이 지역의 주인으로서 지역의 일에 참여하여 함께 문제를 해결해 나가는 것 ➕ → 주민 자치는 지역에서 민주주의를 실천하는 출발점이 되어요.

(2) 주민 자치의 필요성

① 지역에 많은 사람이 모여 살다 보면 갈등이나 문제가 발생할 수 있습니다. 주민들이 공동의 문제를 함께 해결하고 좋은 지역을 만들려고 노력해야 합니다.

② 주민들이 주민 자치에 적극적으로 참여할 때 지역의 민주주의를 실천할 수 있습니다.

➕ 주민 자치로 나타난 변화

- 지역의 어두운 골목길에 가로등을 설치하여 주민들이 안전하게 이동할 수 있게 되었습니다.
- 작고 평범한 농어촌 마을에서 넓은 들판에 유채꽃을 심기로 했습니다. 유채꽃 축제를 열고 주민들이 노력하여 유채꽃이 지역의 자랑거리가 되었습니다.

2 다양한 주민 자치의 모습 ➕

지역 축제	주민 총회

주민들이 한자리에 모여 서로 어울리고 단합할 수 있는 축제를 엶.	주민들이 주민 총회를 열어서 지역에 필요한 사업을 제안하거나 지역의 일을 논의함.
주민 참여 예산제	주민 투표

지역에 필요한 예산을 세우는 일에 지역의 주민이 직접 참여하여 원하는 사업을 반영함.	지역의 중요한 일을 주민들이 투표하여 결정함.

- ✱ **총회** 구성원 전체가 모여서 어떤 일에 관하여 의논함.
- ✱ **조례** 지역의 일을 처리하기 위해 지방 자치 단체가 만드는 법.

3 지역의 일에 주민이 참여해야 하는 까닭 ⊕

① 지역의 일이 주민들의 생활에 영향을 주기 때문입니다.
② 지역에서 일어나는 일이나 문제는 지역마다 다르기 때문입니다.
③ 지역문제 해결에 주민들이 적극적으로 참여해야 지역이 발전하기 때문입니다.
④ 지역의 상황을 잘 아는 주민들의 의견을 반영하면 지역의 일이나 문제를 효과적으로 처리할 수 있기 때문입니다. → 시청이나 도청에서 지역문제를 잘 해결하는지 살펴봐야 해요.

교과서 대표 자료 주민 자치가 중요한 까닭 알아보기

△△ 마을은 공원이 더럽기 때문에 쓰레기통 설치가 필요합니다. □□ 마을은 주차 공간이 부족하기 때문에 *공공 주차장이 필요합니다.
　이처럼 *지역사회의 문제는 지역마다 다르게 나타나기 때문에 그 지역을 잘 알고 있는 주민들이 직접 참여하여 해결하는 것이 바람직합니다. 내가 사는 지역에 관심을 가지고 지역사회의 문제 해결 과정에 참여하면 우리 지역을 보다 살기 좋은 지역으로 만들 수 있습니다.

⊕ **지역의 일에 주민이 참여하지 않았을 때의 모습**
- 지역이 발전하기가 어려워집니다.
- 지역문제를 해결하기 어려워집니다.

주민들이 지역사회의 일에 적극적으로 참여하면 주민들의 의견을 정책에 반영할 수 있어요.

1단원 4회

용어 사전
★ **공공 주차장** 누구든지 이용할 수 있는 주차장.
★ **지역사회** 한 지역의 일정한 범위 안에서 자연스럽게 이루어진 생활 공동체.
★ **정책** 공공의 문제를 해결하거나 정치적 목적을 실현하기 위한 계획.

핵심만 한번 더 쓰면서 정리 !

주민 자치의 의미	주민이 지역의 [주인]으로서 지역의 일에 [참여]하여 함께 문제를 해결해 나가는 것
주민 참여가 필요한 까닭	• 지역에서 일어나는 일이나 문제는 지역마다 [다르기] 때문에 • 지역의 상황을 잘 아는 주민들이 지역의 문제를 [효과적으로] 처리할 수 있기 때문에

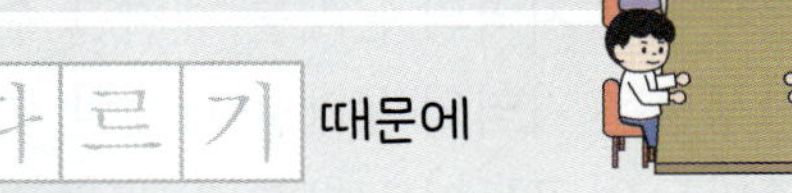

핵심 체크

1 주민이 지역의 (   )으로서 지역의 일에 참여하여 함께 문제를 해결해 나가는 것을 주민 자치라고 합니다.

2 주민들이 주민 자치에 적극적으로 참여할 때 지역의 (   )을/를 실천할 수 있습니다.

3 지역의 일을 처리하기 위해 지방 자치 단체가 만드는 법인 (   )을/를 주민들이 직접 제안하기도 합니다.

4 지역에서 일어나는 일이나 문제는 지역마다 (같기, 다르기) 때문에 지역의 일에 주민이 참여해야 합니다.

|5~6| 다음 글을 읽고, 물음에 답하시오.

> (   )은/는 주민들이 지역의 문제를 함께 해결하고 지역사회를 스스로 운영해 나가는 것입니다.

📖 8종 공통

5 위 (   ) 안에 들어갈 알맞은 말을 쓰시오.

(   )

📖 8종 공통

6 위 **5**번 답에 대한 설명으로 알맞은 것은 어느 것입니까? (   )

① 정부만이 지역의 문제를 해결할 수 있다.
② 학생들은 지역의 문제를 해결할 수 없다.
③ 주민들은 공동의 문제를 각자 해결해야 한다.
④ 지역에서 민주주의를 실천하는 출발점이 된다.
⑤ 지역에 많은 사람들이 살다 보면 갈등이 일어나지 않는다.

📖 8종 공통

7 주민 자치가 필요한 까닭을 알맞게 말한 친구를 골라 ◯표 하시오.

(1)   (2)

(   )   (   )

아이스크림, 지학사 외

8 다음 (   ) 안에 들어갈 알맞은 말을 골라 ◯표 하시오.

> 주민들이 한자리에 모여 서로 어울리고 단합할 수 있는 (축제 , 투표)를 여는 것은 주민 자치의 모습입니다.

9 ▣ 8종 공통

다음 ( ) 안에 공통으로 들어갈 말을 쓰시오.

> 지역에 필요한 (   )을/를 세우는 일에 주민이 직접 참여합니다. (   )은/는 필요한 비용을 미리 계산한 것입니다.

( )

10 ▣ 8종 공통

주민 자치의 모습과 설명을 선으로 알맞게 연결하시오.

(1) 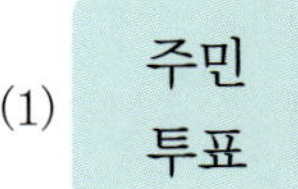　주민 투표　•　　•　㉠　지역의 중요한 일을 주민들이 투표하여 결정함.

(2) 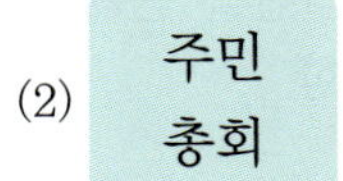　주민 총회　•　　•　㉡　주민들이 지역에 필요한 사업을 제안하거나 지역의 일을 논의함.

11 디지털 문해력　▣ 8종 공통

다음은 지역 누리집에 올라온 글입니다. ( ) 안에 들어갈 알맞을 말을 (보기)에서 골라 쓰시오.

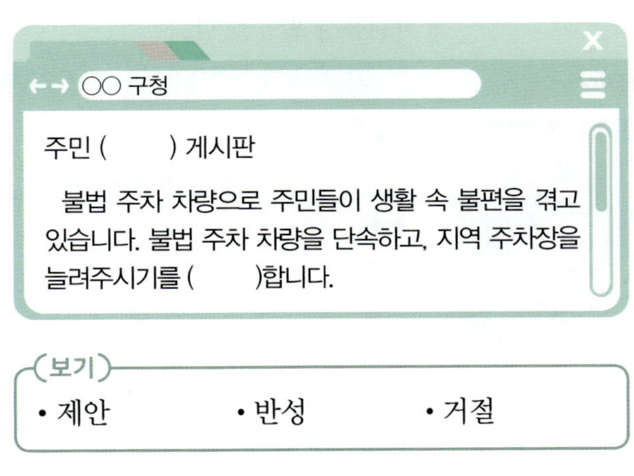

(보기)
• 제안　　• 반성　　• 거절

( )

|12~13| 다음 자료를 보고, 물음에 답하시오.

12 동아출판, 천재교과서(김) 외

위 자료를 보고 알 수 있는 점을 알맞게 말한 친구를 골라 이름을 쓰시오.

> • 서현: 지역에서 일어나는 문제는 지역마다 다릅니다.
> • 동욱: 지역문제 해결에 정부가 직접 참여하는 모습입니다.

( )

13 서술형　동아출판, 천재교과서(김) 외

위 자료와 관련해 지역의 일에 주민이 참여해야 하는 까닭을 쓰시오.

____

____

도움말 지역의 일에 지역 주민이 참여하면 좋은 점을 떠올려 보세요.

학습 결과에 색칠하세요.　  

➕ **시민 단체의 활동**

- ○○ 시민 단체는 '에너지의 날'을 맞아 기후 위기의 심각성을 알리는 캠페인을 했습니다.
- 교육 분야의 △△ 시민 단체는 민주 시민 교육의 중요성과 원칙에 관한 합의문을 발표했습니다.

---

1 주민 참여의 의미와 방법

(1) 주민 참여의 의미: 지역의 주민이 중심이 되어 지역의 일을 논의하거나 해결하는 과정에 참여하는 것을 말합니다. → 주민 자치가 잘 이루어지려면 주민들의 적극적인 참여가 필요해요.

(2) 지역의 일에 참여하는 방법

① 주민들은 더 살기 좋은 지역을 만들기 위해 지역사회의 일에 의견을 냅니다.

② 주민들은 불편한 점을 개선해 달라고 구청이나 시청 등의 공공 기관에 요구하기도 합니다.

(3) 다양한 주민 참여 방법

*서명 운동 참여하기	*공청회 참여하기
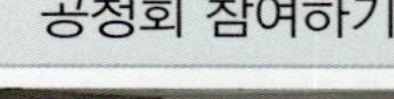	
지역사회의 문제에 관해 같은 의견을 가진 주민들의 서명을 모아 공공 기관에 전달함.	공청회에 참여하여 의견을 듣거나 자신의 의견을 직접 제시함.
주민 투표 참여하기	자원봉사 참여하기
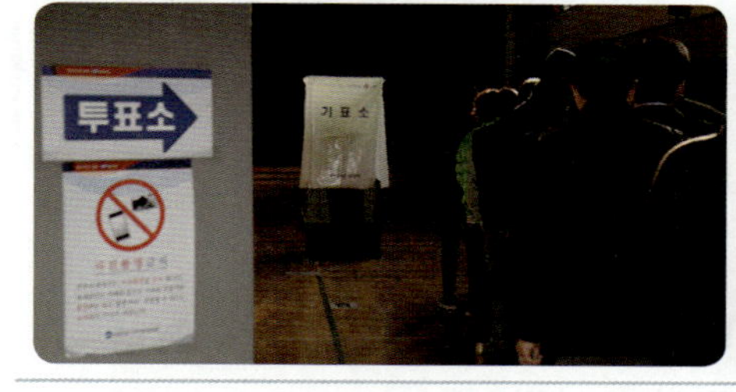	
주민들이 직접 투표하여 지역의 중요한 일을 결정함.	교육, 환경, 예술 등 다양한 분야에서 자원봉사 활동을 함.
*시민 단체 활동하기	공공 기관 누리집에 의견 올리기
	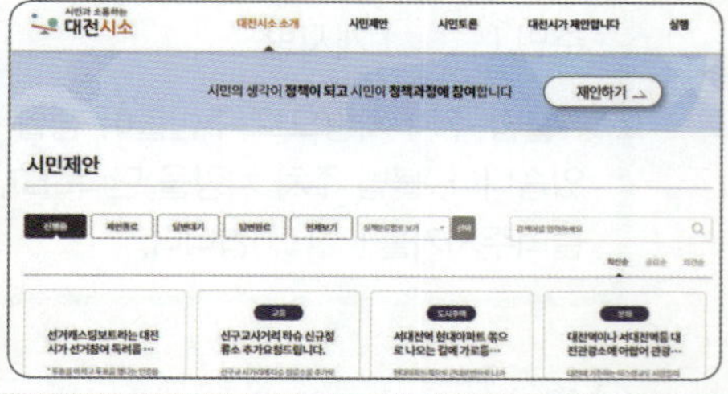
교육, 환경, 경제 등 여러 분야의 시민 단체에 가입해 지역사회의 문제 해결을 위한 활동을 함. ➕	공공 기관의 누리집이나 애플리케이션에 지역에 관한 의견을 올림.

용어 사전

★ **공공 기관** 개인의 이익이 아닌 사회 전체의 이익을 위해 국가나 지방 자치 단체가 세워 관리하는 곳.

★ **서명 운동** 어떤 주장이나 의견에 대한 찬성의 뜻으로 서명을 받는 운동.

★ **공청회** 사회적으로 중요한 문제를 결정하기 전에 여러 사람의 의견을 듣기 위하여 가지는 모임.

★ **시민 단체** 시민들이 개인의 이익이 아니라, 사회 전체의 이익을 위해 자발적으로 모임을 가지고 활동하는 단체.

교과서 대표 자료 주민 참여 사례

　○○동은 내년에 진행할 사업을 결정하는 주민 투표를 실시하였습니다. 주민 투표는 지역 곳곳에 설치된 투표판에 직접 투표하거나 사회 관계망 서비스(SNS)를 활용하여 투표하는 방식*으로 이루어졌습니다.

　지역 주민들은 일상생활과 관련 있는 지역의 일에 직접 참여하거나, 의견을 내는 등의 다양한 방법으로 주민 자치에 참여하고 있습니다.

② 주민 자치 사례 조사하기 ⊕

인터넷으로 찾아보기

우리 지역 공공 기관 누리집에서 '주민 자치'를 검색함.

행정 복지 센터 방문하기

행정 복지 센터에 방문해서 주민 자치 사례를 확인함.

주민 면담*하기

주민 자치에 활발하게* 참여하는 지역 주민을 만나 면담함.

지역 신문 찾아보기

우리 지역 신문에서 주민 자치와 관련 있는 기사를 찾아봄.

1단원 / 5회

⊕ 공공 기관에 방문하여 주민 자치 사례를 조사하는 과정

① 방문하고 싶은 공공 기관을 정하고, 공공 기관에 미리 연락하여 방문을 신청합니다.

② 조사 계획을 세워 역할을 정하고, 알고 싶은 점을 정리합니다.

③ 방문하여 담당자에게 궁금한 점을 물어보고, 보고 들은 내용을 기록합니다.

④ 조사가 끝난 후에는 알게 된 점과 느낀 점을 정리하여 조사 보고서를 작성합니다.

용어 사전

★ **방식** 일정한 방법이나 형식.

★ **면담** 서로 만나 이야기하는 것.

★ **활발하다** 생기 있고 힘차며 시원스러움.

핵심만 한번 더 쓰면서 정리 !

주민 참여의 의미	주민 이 중심이 되어 지역의 일을 논의하거나 해결하는 과정에 참여하는 것
주민 참여 방법	• 서명운동 참여하기　　• 공청회 참여하기 • 주민투표 참여하기　　• 자원봉사 참여하기 • 시민단체 활동하기　　• 공공 기관 누리집 에 의견 올리기

문제 학습

1 지역의 주민이 중심이 되어 지역의 일이나 문제를 해결하는 과정에 참여하는 것을 (   )(이)라고 합니다.

2 지역의 중요한 일을 주민들이 투표로 결정하는 것을 (   )(이)라고 합니다.

3 시민들이 개인의 이익이 아니라, 사회 전체의 이익을 위해 자발적으로 모임을 갖고 활동하는 단체를 무엇이라고 합니까?

4 주민 자치 사례를 조사하기 위해 지역 공공 기관 누리집에서 '주민 자치'를 (   ) 합니다.

📖 8종 공통

5 다음 (   ) 안에 공통으로 들어갈 말을 쓰시오.

> 주민 자치가 잘 이루어지려면 주민들의 적극적인 (   )이/가 필요합니다. 주민이 중심이 되어 지역사회의 문제를 찾고 해결해 나가는 과정에 (   )하는 것을 주민 (   )(이)라고 합니다.

(   )

지학사, 천재교과서(박) 외

6 주민 참여 방법과 관련해 (   ) 안에 들어갈 알맞은 말을 쓰시오.

> 지역사회의 문제에 관해 같은 의견을 가진 주민들의 (   ) 을/를 모아 공공 기관에 전달합니다.

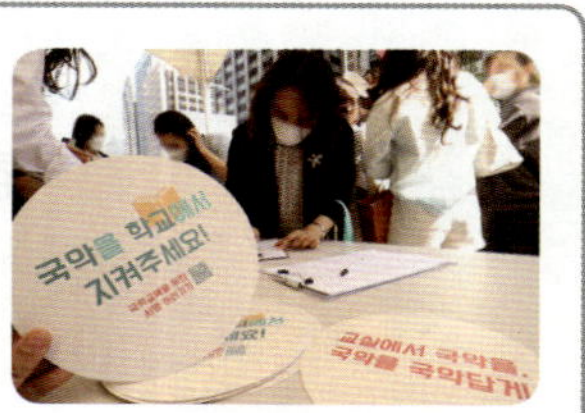

(   )

동아출판, 미래엔 외

7 다음 글에 나타난 주민 참여 방법으로 알맞은 것을 (보기)에서 골라 기호를 쓰시오.

> △△ 환경 단체는 해양 쓰레기로 인해 바다 환경이 오염되고 있다며, 지역 내 공장에 폐수 처리 시설을 설치하자는 캠페인을 벌였습니다.

(보기)
ㄱ 서명 운동   ㄴ 주민 투표
ㄷ 공청회 참여   ㄹ 시민 단체 활동

(   )

📖 8종 공통

8 다음 (   ) 안에 공통으로 들어갈 말을 쓰시오.

> (   )은/는 사회적으로 중요한 문제를 결정하기 전에 공개적으로 주민들의 의견을 듣는 모임입니다. 주민들은 (   )에 참석해 직접 의견을 낼 수 있습니다.

(   )

9

지역사회의 문제를 해결하는 주민 참여 방법에 대해 잘못 말한 친구를 골라 이름을 쓰시오.

> • 종호: 요즘 우리 지역이 더러워진 것 같지만 학생들이 해결할 수는 없어.
> • 은지: 우리 지역을 깨끗하게 만들기 위한 자원봉사 활동에 참여할 수 있어.

( )

10 비상교육, 천재교과서(김) 외

공공 기관의 누리집에 의견을 올리는 것과 관련 있는 것을 골라 ◯표 하시오.

(1)   (2)

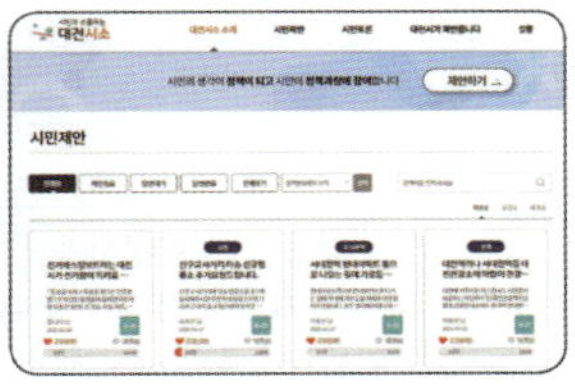

( )   ( )

11 서술형   📖 8종 공통

다음 사진에 나타난 주민 참여 방법을 쓰시오.

____

도움말 위 자료에 나타난 주민 참여의 모습을 보고 그 의미를 떠올려 보세요.

12 디지털 문해력   📖 8종 공통

다음 신문 기사를 읽고, 알맞게 댓글을 단 친구를 골라 이름을 쓰시오.

서명 운동으로 만든 '주민 참여 도서관'

○○구에서는 문화 시설이 부족하여 주민들이 도서관을 세우고자 서명 운동을 벌였고, 그 결과 도서관이 만들어졌다. 도서관이 세워진 후에는 주민들이 직접 도서관을 운영하고 있다.

댓글 ▼

ㄴ 이서: 지역의 일에 주민들이 참여하면 구청은 할 일이 없어져요.

ㄴ 현진: 많은 주민이 참여를 하면 지역사회의 문제는 오히려 더 복잡해져요.

ㄴ 영주: 주민들이 지역사회 문제 해결을 위해 노력한 결과 도서관이 만들어졌어요.

( )

13 📖 8종 공통

다음 ( ) 안에 들어갈 알맞은 말을 쓰시오.

주민 자치 사례를 조사하기 위해 주민 자치에 활발하게 참여하는 지역 주민을 만나 ( ) 할 수 있습니다.

( )

학습 결과에 색칠하세요.

개념 학습  6회

지역문제 해결에 참여하기

➕ 주민 자치에 참여하는 바람직한 태도

주민이 지역의 일에 지속적으로 관심을 가지고 문제를 해결하기 위해 노력해야 합니다.

1 주민 자치에 참여하는 태도

① *주인 의식: 지역사회의 문제를 해결하기 위해 주민은 주인 의식을 가져야 합니다. ➕

② 관심과 참여: 지역사회의 문제에 관심을 갖고, 문제를 해결하기 위해 적극적으로 참여해야 합니다. ➕

③ 대화와 토론: 주민 참여 과정에서 서로 다른 의견으로 갈등이 생길 때는 대화와 토론으로 의견 차이를 좁혀 나가는 노력이 필요합니다.

④ 협력: 모든 주민이 지역을 소중히 여기는 마음을 가지고 함께 노력할 때 지역이 발전할 수 있습니다.

➕ 주민 참여의 바람직하지 않은 태도

다른 사람이 해결해 줄 것이라 생각하고 지역문제에 무관심하거나, 자신의 이익만 생각하는 태도는 바람직하지 않습니다.

교과서 대표 자료 주민 자치에 참여하는 태도 살펴보기

지역의 문제를 해결하기 위해 주민들이 다양한 방법으로 참여하고 있는 모습입니다. 모든 주민이 협력하면서 지역의 일에 책임감을 가지고 참여할 때 민주주의를 실현할 수 있습니다.

🟠 용어 사전

★ **주인 의식** 일이나 단체에 대하여 주체로서 책임감을 가지고 이끌어 가야 한다는 의식.

★ **옐로 카펫** 횡단보도를 건너는 아동의 안전을 위하여 설치하는 교통 안전시설.

2 주민 자치에 참여하는 과정 ✚

❶ 우리 지역에서 주민 자치가 필요한 일을 찾아봅니다.

❷ 주민 자치에 참여할 수 있는 방법을 탐색하고, 결정합니다.

❸ 계획을 세워 주민 참여 방법을 실천합니다. ✚

❹ 주민 자치로 우리 지역이 어떻게 달라졌는지 확인합니다.

❺ 주민 자치에 참여한 과정을 돌아보며 스스로 평가해 봅니다.

✚ 지역문제의 해결 과정

❶ 지역 문제 알아보기
↓
❷ 문제 해결 방안 탐색하기
↓
❸ 문제 해결 방안 결정하기
↓
❹ 문제 해결 방안 실천하기
↓
❺ 결과 확인하기

✚ 의견 제안서 작성하기

　어린이 도서관을 제안합니다. 우리 지역에는 어린이들이 책을 읽을 수 있는 도서관이 부족합니다.
　시청 옆의 넓은 ★공터에 도서관을 만든다면 우리 지역의 어린이들은 다양한 경험을 할 수 있게 될 것입니다.

용어 사전

★ **민원**　주민이 행정 기관에 어떤 일을 처리해 달라고 요구하는 것.

★ **공터**　집이나 밭 따위가 없는 비어 있는 땅.

핵심만 한번 더 쓰면서 정리 !

지역문제를 해결하기 위해 지역 주민은 | 주 | 인 | 의 | 식 |을 가져야 함.

지역문제에 관심을 갖고 문제를 해결하기 위해 적극적으로 | 참 | 여 |해야 함.

서로 다른 의견으로 갈등이 생길 때는 | 대 | 화 |와| 토 | 론 |으로 의견 차이를 좁혀 나가는 노력이 필요함.

모든 주민이 지역을 | 소 | 중 | 히 | 여기는 마음을 가지고 함께 노력해야 함.

문제 학습

1 지역사회의 문제를 해결하기 위해 주민은 (   ) 의식을 가져야 합니다.

2 주민 참여 과정에서 서로 다른 의견으로 갈등이 생길 때는 대화와 토론으로 의견 차이를 (늘려 , 좁혀) 나가는 노력이 필요합니다.

3 모든 주민이 협력하면서 지역의 일에 (무관심 , 책임감)을 가지고 참여할 때 민주주의를 실현할 수 있습니다.

4 주민 자치로 우리 지역의 변화를 확인한 후에는 참여한 과정을 돌아보며 스스로 (   )해 봅니다.

8종 공통

5 주민 자치에 참여하는 바람직한 태도로 알맞은 것을 〈보기〉에서 모두 골라 기호를 쓰시오.

〈보기〉

㉠ 시민 단체에 가입하여 안전한 교육 환경 만들기 캠페인에 참여한다.
㉡ 주차 문제 해결을 위해 공공 주차장을 건설해 달라는 서명 운동에 참여한다.
㉢ 우리 마을에 있는 쓰레기 처리장을 옆 마을로 옮겨 달라는 민원을 신청한다.

(   )

8종 공통

6 다음 (   ) 안에 들어갈 알맞은 말에 ○표 하시오.

지역사회의 문제에 관심을 갖고, 문제를 해결하기 위해 적극적으로 (비판 , 참여)해야 합니다.

서술형 동아출판, 미래엔 외

7 제시된 그림은 어떤 방법과 태도로 지역의 일에 참여하고 있는지 쓰시오.

____

____

도움말 제시된 그림은 어떤 모습인지 생각해 보세요.

8종 공통

8 바람직한 주민 참여 태도를 지닌 친구를 골라 ○표 하시오.

(1)   (2)

(   )   (   )

9 지역사회의 문제 해결에 대한 설명으로 알맞은 것에 ○표, 알맞지 <u>않은</u> 것에 ×표 하시오.

(1) 지역사회의 문제 해결 방안을 제시할 때는 지역 주민 모두의 이익을 고려해야 합니다.

( )

(2) 지역사회의 문제는 개인이 해결할 수 없으므로 공공 기관에서 처리해 줄 때까지 기다려야 합니다. ( )

|10~11| 다음은 지역문제를 해결하는 과정입니다. 물음에 답하시오.

┌─(보기)─────────────────
│ ㉠ 지역문제 알아보기
│ ㉡ 문제 해결 방안 결정하기
│ ㉢ 문제 해결 방안 실천하기
│ ㉣ 문제 해결 방안 탐색하기
└──────────────────────

10 다음 모습에 해당하는 과정을 위 (보기)에서 골라 기호를 쓰시오.

( )

11 지역문제를 해결하기 위한 방안이 결정된 후에 해야 할 일을 위 (보기)에서 골라 기호를 쓰시오.

( )

12 다음은 주민 자치에 참여하는 모습입니다. ( ) 안에 공통으로 들어갈 말을 쓰시오.

( )

1단원
6회

  비상교육, 천재교과서(김) 외

13 다음은 우리 지역의 누리집에 올라온 글입니다. 지역 문제 해결에 어떤 방법으로 참여한 것인지 쓰시오.

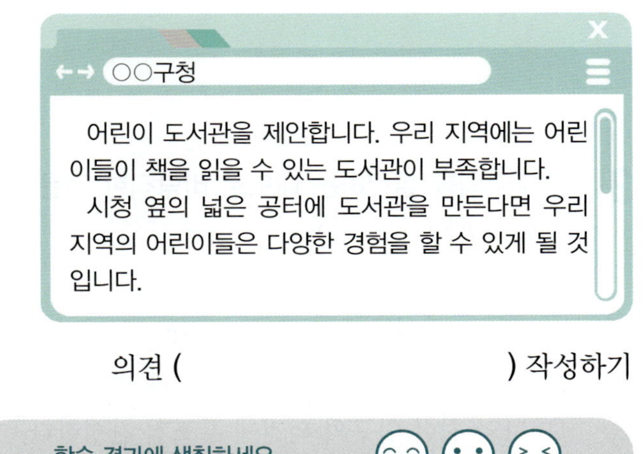

의견 ( ) 작성하기

학습 결과에 색칠하세요.

8종 공통

1 민주주의에 대한 설명으로 알맞지 <u>않은</u> 것을 〈보기〉에서 골라 기호를 쓰시오.

〈보기〉

㉠ 모든 사람이 자유롭고 평등한 입장에서 결정하는 것이다.
㉡ 공동의 문제를 서로 의논하면서 의사를 결정하는 방식이다.
㉢ 나이가 많은 사람이 공동의 문제를 모두 결정하는 방식이다.
㉣ 국민 스스로가 주인이 되어 나라의 중요한 결정을 내리는 활동을 말하기도 한다.

(   )

8종 공통

2 민주주의의 모습을 알맞게 말한 친구를 골라 ○표 하시오.

(1)   (2)

(   )   (   )

8종 공통

3 민주주의를 실천하는 태도로 바람직한 것은 어느 것입니까? (   )

① 나와 다른 의견을 무시한다.
② 공동의 문제에 참여하지 않는다.
③ 나의 입장만 생각해서 문제를 해결한다.
④ 나와 친한 친구의 의견에 무조건 찬성한다.
⑤ 대화와 토론으로 문제를 해결하려고 노력한다.

8종 공통

4 민주주의를 실천하는 바람직한 태도를 지닌 친구를 골라 이름을 쓰시오.

(   )

서술형 **8종 공통**

5 충분한 대화와 토론을 해도 친구들의 의견이 좁혀지지 않을 때는 어떻게 문제를 해결할 수 있을지 쓰시오.

____

____

6 학교 자치가 중요한 까닭에 대한 설명으로 알맞은 것에 ○표 하시오.

(1) 학생들이 민주적 의사 결정 과정에 참여하며 민주 시민으로 성장할 수 있기 때문입니다.

(　　　)

(2) 학교의 일을 선생님이 결정할 때 더 많은 구성원이 만족하는 결과를 얻을 수 있기 때문입니다.

(　　　)

7 다음 친구들이 설명하는 것은 무엇인지 쓰시오.

(　　　　　　　)

8 다음 (　　　) 안에 공통으로 들어갈 말을 쓰시오.

> • 학교의 대표를 (　　　)(으)로 뽑았습니다.
> • 학급 회장 선거에서 친구들을 대표할 후보자의 이름을 (　　　)용지에 적었습니다.

(　　　　　　　)

9 다음은 전교 회장 선거 과정의 일부입니다. (　　　) 안에 공통으로 들어갈 말을 쓰시오.

> 선거를 올바르게 관리하기 위해 (　　　)을/를 구성합니다. 전교 회장 후보자가 되려는 학생은 (　　　)에 후보자 등록 신청서와 추천서를 내고 후보자로 등록합니다.

(　　　　　　　)

1
단원
7회

10 다음 그림은 학교생활에서 민주주의 실천 과정 중 어떤 과정의 모습인지 (보기)에서 골라 쓰시오.

> **(보기)**
> • 결정　　　• 실천　　　• 탐색

해결 방안 (　　　　　　　)하기

▌8종 공통

11 다음 ( ) 안에 들어갈 알맞은 말을 쓰시오.

▲ 주민 총회   ▲ 주민 참여 예산제

주민이 지역의 주인으로서 지역의 일에 참여하여 함께 문제를 해결해 나가는 것을 ( )(이)라고 합니다.

( )

▌8종 공통

12 지역문제의 해결 과정에 주민들이 참여해야 하는 까닭으로 알맞지 <u>않은</u> 것은 어느 것입니까?

( )

① 지역의 상황을 주민들이 잘 알기 때문에
② 지역문제는 주민들의 생활에 영향을 주기 때문에
③ 지역문제는 시청이나 도청에서 해결하지 않기 때문에
④ 주민들이 지역문제를 효과적으로 처리할 수 있기 때문에
⑤ 시청이나 도청에서 지역문제를 잘 해결하는지 살펴봐야 하기 때문에

▌8종 공통

13 다음 ( ) 안에 공통으로 들어갈 말을 쓰시오.

지역문제는 지역의 모든 ( )에게 영향을 미치기 때문에 지역문제를 해결하는 과정에 지역 ( )이/가 참여해야 합니다.

( )

▌8종 공통

14 주민 참여 방법으로 알맞은 것을 (보기)에서 모두 골라 기호를 쓰시오.

(보기)
㉠ 공청회에 참여한다.
㉡ 주민 투표에 참여한다.
㉢ 우리 지역의 공공 기관 누리집에 의견을 올린다.
㉣ 다른 지역의 시청에 우리 지역의 문제를 해결해 달라고 항의한다.

( )

동아출판, 미래엔 외

15 시민 단체에 대한 설명으로 알맞은 것을 두 가지 고르시오. ( )

① 공공 기관이다.
② 국가에서 세우고 관리한다.
③ 환경 분야에서만 활동한다.
④ 시민들이 자발적으로 만들었다.
⑤ 사회 전체의 이익을 위해 활동한다.

지학사, 천재교과서(박) 외

16 다음 사진에 나타난 주민 참여 방법은 무엇인지 쓰시오.

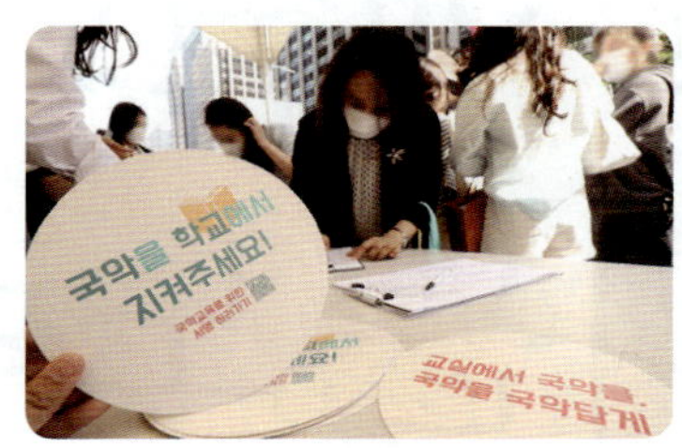

(   ) 운동 참여하기

📖 8종 공통

17 주민 자치 사례를 조사하는 방법으로 알맞지 <u>않은</u> 것은 어느 것입니까? (   )

① 백과사전 살펴보기
② 지역 신문 찾아보기
③ 지역의 주민 면담하기
④ 행정 복지 센터 방문하기
⑤ 시·도청 누리집에서 검색하기

📖 8종 공통

18 주민 자치에 참여하는 태도로 알맞지 <u>않은</u> 것은 어느 것입니까? (   )

① 문제 해결을 위해 적극적으로 참여한다.
② 다른 사람이 알아서 해결하기를 바란다.
③ 지역의 문제에 지속적으로 관심을 가진다.
④ 여러 사람과 함께 적절한 해결 방안을 찾는다.
⑤ 서로 다른 의견으로 갈등이 생길 때는 대화와 토론으로 의견 차이를 좁혀 나간다.

|19~20| 다음은 유이네 지역에서 발생하는 문제입니다. 물음에 답하시오.

- 학교 앞 도로에서 차들이 너무 빨리 달립니다.
- 학교 앞 어린이 보호 구역에 도로 안전 펜스가 망가져서 위험합니다.
- 인도에 불법으로 주차된 차들 때문에 학생들이 걸어갈 길이 없습니다.

📖 8종 공통

19 위와 같은 지역문제를 해결하기 위한 바람직한 태도를 지닌 친구를 골라 ◯표 하시오.

(1)

(2)

(   )   (   )

서술형   📖 8종 공통

20 위와 같은 문제를 해결하기 위해 주민들이 할 수 있는 일을 두 가지 쓰시오.

____

____

학습 결과에 색칠하세요.     

2 지역문제를 해결하고 지역을 알리는 노력

❶ 지역문제를 해결하려는 노력

❷ 지역을 알리는 노력

● 이번에 배울 내용

회차	단원	쪽수	학습 내용	학습 주제
1회		38~41쪽	개념＋문제 학습	지역문제 알아보기
2회	❶ 지역문제를	42~45쪽	개념＋문제 학습	지역문제 확인하고 원인 파악하기
3회	해결하려는 노력	46~49쪽	개념＋문제 학습	지역문제 해결 방안 탐색하고 결정하기
4회		50~53쪽	개념＋문제 학습	지역문제 해결 방안 실천하기
5회		54~57쪽	개념＋문제 학습	지역을 나타내는 특성
6회	❷ 지역을	58~61쪽	개념＋문제 학습	여러 지역의 특성
7회	알리는 노력	62~65쪽	개념＋문제 학습	지역을 알리는 노력과 방법
8회		66~69쪽	개념＋문제 학습	우리 지역 알리기
9회	단원 마무리	70~73쪽	마무리 평가	단원 마무리 문제, 수행 평가

지역문제

지역 주민의 생활을 불편하게 하거나 주민들 사이에 갈등을 일으키는 여러 가지 문제

환경 문제

쓰레기 분리배출이 제대로 안 되거나, 대기나 하천이 오염되어 지역 주민이 살기 힘든 문제

지역 축제

지역의 자연환경을 체험하고 감상하거나 생산물을 알리려고 여는 축제

생산물

지역에서 많이 생산되는 물건, 음식, 전통 공예품 등

개념 학습 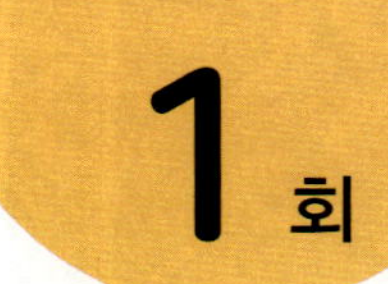 **1**회

지역문제 알아보기

➕ 지역에서 발생할 수 있는 문제

- 공사장에서 나오는 소음으로 생활에 불편이 있습니다.
- 주정차 금지 구역에 주차를 해 주민들끼리 다툼이 발생합니다.
- 지정되지 않은 곳에 차들이 주차되어 있어 구급차가 지나갈 수 없습니다.

1 지역문제의 의미와 특징

의미	지역 주민의 생활을 불편하게 하거나 지역 주민들 사이에 *갈등을 일으키는 여러 가지 문제
특징	• 사람들이 함께 살아가다 보면 지역문제가 생김. ➕ • 지역의 지리적, 환경적, 사회적, 역사적 특징에 따라 다양한 문제가 발생함.

2 지역문제의 종류

① 지역문제에는 교통 문제, 환경 문제, 안전 문제, 주택 문제, *소음 문제, 시설 부족 문제, 국가유산 훼손 문제 등이 있습니다. ➕

② 다양한 지역문제

교통 문제		• 주차할 공간이 부족하고 도로가 자주 막힘. • 대중교통이 자주 오지 않아 다른 곳으로 이동하기 불편함.
환경 문제		• 쓰레기 분리배출이 제대로 안 됨. • *대기 오염이 심각하고, 하천이 오염되어 물고기들이 살기 힘듦. ↳ 환경 문제는 지역 주민의 건강뿐만 아니라 생태계에도 나쁜 영향을 미쳐요.
안전 문제		• 도로나 인도 주변의 울타리가 훼손되어 위험함. • *환풍구 덮개가 열려 있어서 위험함.
주택 문제		• 지어진 지 오래된 주택이 많아 생활하기 불편함. • 주택이 부족한 경우가 있어 살 곳이 없음.
소음 문제		• 주변에 큰 도로가 있어 매우 시끄러움. • 층간 소음으로 듣기 싫은 소리가 들려 불편함. ↳ 아파트와 같은 공동 주택에서 아랫집에 들리는 윗집의 생활 소음이에요.

➕ *반려동물 문제

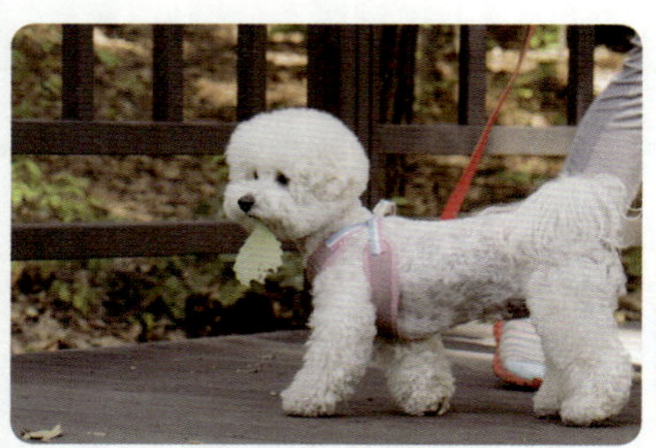

최근 반려동물의 수가 늘어나 이와 관련된 소음, 안전사고 등의 문제가 발생하기도 합니다.

용어 사전

- **✱ 갈등** 개인이나 집단 사이에 생각이나 의견 등이 달라 서로 충돌하거나 대립하는 일.
- **✱ 소음** 불규칙하게 뒤섞여 불쾌하고 시끄러운 소리.
- **✱ 대기 오염** 공장이나 자동차 등에서 나오는 매연, 먼지, 가스 등에 의해서 지구를 둘러싼 공기가 더러워지는 현상.
- **✱ 환풍구** 공기가 바람길로 이어지도록 벽이나 천장에 낸 구멍.
- **✱ 반려동물** 사람이 정서적으로 의지하고자 가까이 두고 기르는 동물.

시설 부족 문제		• 고속버스 터미널이나 도서관이 없어, 멀리 나가야 해서 불편함. • 지역에 필요한 시설이 없어 이용에 어려움을 겪음.
국가유산 훼손 문제	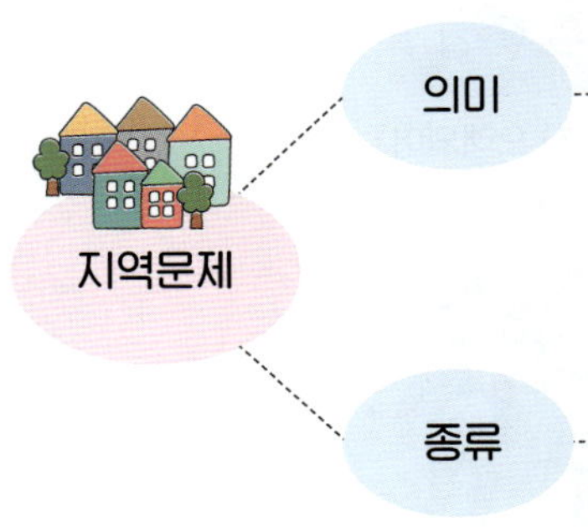	• 새로운 건물을 짓거나 관광객이 많이 방문하면서 국가유산이 훼손됨. • 전통문화가 잘 *보전되지 않아 사라져 가기도 함. ➕

➕ **훼손된 국가유산**

○○*장성은 적의 침입을 막으려고 조선 시대에 만든 소중한 국가유산입니다. 그런데 장성의 일부 구간이 무너져 원래 모습을 찾아보기 어려울 정도로 심하게 훼손되었습니다.

3 지역문제 해결의 필요성

① 지역문제는 지역의 상황에 따라 다양하게 나타나며 우리의 생활에 영향을 줍니다.

② 지역문제에 주민들이 관심을 가지고 문제 해결에 참여해야 합니다.

③ 지역문제 해결을 위해 꾸준히 노력한다면 내가 사는 지역을 더욱 살기 좋은 곳으로 만들 수 있습니다.

교과서 대표 자료 | 지역문제의 사례

불법 주차된 차량에 가려 지나가던 어린이를 못 보고 차에 치이는 사고가 발생하고 있습니다. 또 어린이 보호 구역에서 속도를 줄이지 않는 차로 인해 문제가 발생하기도 합니다. 살기 좋은 지역을 만들려면 지역문제에 관심을 갖고 해결하려고 노력해야 합니다.

용어 사전

★ **보전** 온전하게 잘 지키고 유지하는 것

★ **장성** 길게 둘러쌓은 성.

핵심만 한번 더 쓰면서 정리 !

지역문제

의미 ─ 지역 주민의 생활을 불편하게 하거나 지역 주민들 사이에 갈 등 을 일으키는 여러 가지 문제

종류
- 교 통 문제
- 환경 문제
- 안전 문제
- 소음 문제
- 주 택 문제
- 시설 부 족 문제
- 국가유산 훼손 문제
- 반려동물 문제

문제 학습

1 환경 문제, 주택 문제 등 지역 주민의 생활을 불편하게 하는 여러 가지 문제를 (　　　　)(이)라고 합니다.

2 주차할 공간이 부족하고 도로가 자주 막히는 것은 (교통 , 환경) 문제입니다.

3 주변에 큰 도로가 있어 매우 시끄러운 것은 (　　　　) 문제입니다.

4 지역문제는 지역의 상황에 따라 (다양하게 , 동일하게) 나타납니다.

8종 공통

5 다음에서 설명하는 것은 무엇인지 쓰시오.

> • 지역 주민의 생활을 불편하게 하는 문제입니다.
> • 지역 주민들 사이에 갈등을 일으키는 문제입니다.

(　　　　　　　　　)

8종 공통

6 지역문제에 대한 설명으로 알맞지 <u>않은</u> 것은 어느 것입니까? (　　　　)

① 주민의 생활을 불편하게 한다.
② 반려동물 문제는 지역문제가 아니다.
③ 사람들이 함께 살아가다 보면 생긴다.
④ 지역의 특징에 따라 여러 문제가 발생한다.
⑤ 지역에서 발생하여 주민의 생활에 영향을 준다.

8종 공통

7 지역문제의 종류로 알맞지 <u>않은</u> 것은 어느 것입니까? (　　　　)

① 교통 문제　　　　② 성적 문제
③ 소음 문제　　　　④ 안전 문제
⑤ 국가유산 훼손 문제

8종 공통

8 다음 그림에 나타난 지역문제를 선으로 알맞게 연결하시오.

(1) 
▲ 집이 지어진 지 오래되어 생활하기 불편합니다.

• ㉠ 안전 문제

(2) 
▲ 환풍구 덮개가 열려 있어서 위험합니다.

• ㉡ 주택 문제

| 9~10 | 다음 (보기)를 보고, 물음에 답하시오.

(보기)
㉠ 소음 문제
㉡ 안전 문제
㉢ 환경 문제
㉣ 시설 부족 문제

📖 8종 공통

9 고속버스 터미널이나 도서관이 없어서 멀리 나가야 하는 불편함과 관련 있는 지역문제를 위 (보기)에서 골라 기호를 쓰시오.

(   )

📖 8종 공통

10 다음 내용과 관련 있는 지역문제를 위 (보기)에서 골라 기호를 쓰시오.

- 하천이 오염되어 물고기들이 살기 힘듭니다.
- 쓰레기 분리배출이 제대로 안 되어 주민들이 불쾌감을 느낍니다.

(   )

[서술형] 천재교과서(박), YBM 외

11 다음 그림은 서로 다른 지역에서 나타나는 지역문제의 모습입니다. 이를 보고 알 수 있는 지역문제의 특징을 쓰시오.

____

도움말 두 지역에서 서로 다른 지역문제가 나타나고 있다는 점을 생각하며 지역문제의 특징을 떠올려 보세요.

[디지털 문해력] 동아출판, 아이스크림 외

12 다음 친구들의 대화를 보고 <u>잘못</u> 말한 친구를 골라 이름을 쓰시오.

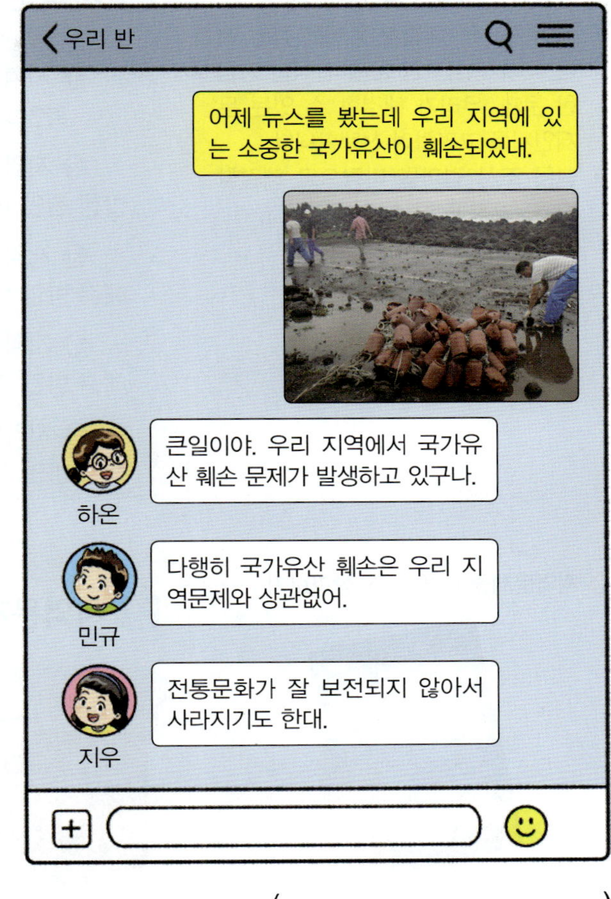

(   )

📖 8종 공통

13 지역문제의 해결에 대해 알맞게 말한 친구를 골라 ○표 하시오.

(   )   (   )

학습 결과에 색칠하세요.

2단원 1회

개념 학습

➕ 해결할 지역문제 정하기

- 지역문제 중 해결할 문제를 정할 때는 피해가 심각한 문제나 직접 경험한 문제, 우리가 해결할 수 있는 문제인지를 고려하여 선택합니다.
- *설문 조사 결과를 바탕으로 해결할 지역문제를 정할 수도 있습니다.

1 지역문제의 해결 과정

❶ 지역문제 확인하기	지역문제 중 피해가 심각한 문제나 직접 경험한 문제 등을 고려하여 선택함. ➕
❷ 지역문제 발생 원인 파악하기	문제 발생 원인을 파악하기 위해 필요한 자료를 *수집하고 분석함. → 자료를 수집할 때는 객관적인 자료인지 따져 봐야 해요.
❸ 지역문제 해결 방안 탐색하기	문제 발생 원인을 바탕으로 지역문제를 해결할 수 있는 방안을 찾음.
❹ 지역문제 해결 방안 결정하기	해결 방안의 장점과 단점을 비교하고, 대화와 타협을 통해 가장 적절한 해결 방안을 결정함.
❺ 지역문제 해결 방안 실천하기	결정된 해결 방안을 지역 주민들이 함께 실천하고, 공공 기관에 도움을 요청함.

➕ 지역문제를 다룬 뉴스 살펴보기

지역에서 발생하는 문제를 확인하기 위해 인터넷에 지역문제를 검색하여 뉴스를 살펴볼 수 있습니다.

2 지역문제 확인하기

직접 찾아보기	지역 주민 면담하기
우리 지역에 어떤 문제가 있는지 직접 찾아봄.	지역 주민을 만나 불편하다고 느끼는 점에 대해 면담함.

지역 신문이나 뉴스 찾아보기	시·도청 누리집 방문하기
지역문제를 다룬 지역 신문이나 뉴스를 살펴봄. ➕	시·도청 누리집에서 지역 주민이 올린 글을 찾아봄.

용어 사전

- ★ **수집** 취미나 연구를 위하여 여러 가지 물건이나 재료를 찾아 모음.
- ★ **투기** 내던져 버림.
- ★ **설문 조사** 통계 자료를 얻기 위하여 어떤 주제에 대해 문제를 내어 묻는 조사.

3 지역문제 발생 원인 파악하기 ✚ → 지역문제를 해결하려면 문제가 일어난 원인을 알아야해요.

✚ **지역문제의 발생 원인을 파악하기 위한 자료를 수집하는 방법**

- 직접 관찰하기
- 지역 주민과 면담하기
- 지역 신문에서 찾아보기
- 누리집에서 통계 자료 찾아보기
- 지역 주민들에게 설문 조사하기

교과서 **대표 자료** 지역문제의 원인을 파악하는 자료 ㉙ 주차 문제

> 우리 지역의 주차 문제에 관한 설문 조사 결과
> 우리 지역에 주차 문제가 일어나는 원인은 무엇이라고 생각하나요?
> ① 주차 공간이 부족해서 (13명)
> ② 주차 공간을 효율적으로 사용하지 못해서 (10명)
> ③ 주민들이 자기의 편리함만을 생각해서 (7명)

　지역 주민들을 대상으로 설문 조사를 하면 지역문제가 발생한 원인을 알 수 있습니다.

자동차 수와 주차 공간의 수, 시간대별로 주차된 자동차의 수와 같은 자료를 확인할 수 있어요.

용어 사전

★ **관찰** 사물이나 현상을 주의하여 자세히 살펴봄.

2 단원 **2회**

핵심만 한번 더 쓰면서 **정리 !**

지역문제 해결 과정	❶ 지역문제 확인 하기 → ❷ 지역문제 발생 원인 파악하기 → ❸ 지역문제 해결 방안 탐색 하기 → ❹ 지역문제 해결 방안 결정 하기 → ❺ 지역문제 해결 방안 실천 하기
지역문제 확인하기	지역문제 중 피해 가 심각한 문제나 직접 경험한 문제 등을 고려하여 선택함.
지역문제 발생 원인 파악하기	문제 발생 원인을 파악하기 위해서 자료 를 수집하고 분석함.

핵심 체크

1 지역문제의 해결 과정 중 가장 먼저 해야 할 일은 지역문제를 (실천 , 확인)하는 것입니다.

2 해결할 지역문제를 정할 때는 직접 (경험한 , 경험하지 못한) 문제를 선택해야 합니다.

3 지역문제의 해결 방안을 탐색할 때는 지역문제가 발생한 (원인 , 결과)을/를 바탕으로 문제를 해결할 수 있는 방안을 찾습니다.

4 지역문제의 (   )을/를 결정할 때에는 대화와 타협을 통해 가장 적절한 것으로 결정합니다.

🔖 8종 공통

5 다음 내용은 지역문제 해결 과정 중 어느 단계에 해당합니까? (   )

> • 영준: 지역 신문을 찾아 보니 우리 지역의 쓰레기양이 증가하고 있습니다.
> • 민영: 주민을 직접 만나 이야기 해보니 쓰레기 무단 투기 문제가 심각하다고 합니다.

① 지역문제 확인하기
② 지역문제 발생 원인 파악하기
③ 지역문제 해결 방안 탐색하기
④ 지역문제 해결 방안 결정하기
⑤ 지역문제 해결 방안 실천하기

🔖 8종 공통

6 지역문제를 확인하는 방법으로 알맞지 <u>않은</u> 것은 어느 것입니까? (   )

① 지역 주민과 면담하기
② 지역의 역사 연표 확인하기
③ 지역을 직접 다니며 찾아보기
④ 지역 신문이나 뉴스 살펴보기
⑤ 시·도청 누리집에서 주민이 올린 글 찾아보기

미래엔, 비상교육 외

7 다음 그림과 같이 지역문제를 확인하기 위해 서로 만나 이야기하는 것을 무엇이라고 하는지 쓰시오.

(   )

🔖 8종 공통

8 다음 (   ) 안에 공통으로 들어갈 말을 쓰시오.

> 지역문제를 확인한 후에는 문제가 발생한 원인을 파악하기 위한 (   )을/를 수집하고 분석해야 합니다. (   ) 수집 방법에는 지역 신문 찾아보기, 직접 관찰하기 등이 있습니다.

(   )

9 동아출판, 천재교과서(김) 외

다음 인터넷 신문을 읽고, 알 수 있는 내용으로 알맞은 것에 ○표 하시오.

○○ 지역 신문　　　　20△△년 △월 △일

　　최근 일회용품을 사용하는 사람이 많아지면서 ○○ 지역의 쓰레기양이 늘어나고 있다. 그러나 늘어나는 쓰레기에 비해 쓰레기를 버릴 곳이나 재활용할 수 있는 곳은 턱없이 부족하여 주민들의 불만이 점점 커지고 있다.

(1) 사람들의 일회용품 사용이 줄어들고 있습니다.
(　　　　)

(2) ○○ 지역의 쓰레기 발생량이 늘어나고 있습니다.
(　　　　)

10 📖 8종 공통

다음 친구들의 대화를 읽고 <u>잘못</u> 말한 친구를 골라 이름을 쓰시오.

- 선생님: 우리 지역에서 발생하는 전동 킥보드 안전사고의 원인을 파악하기 위한 자료를 수집해 봅시다. 어떤 자료를 수집하면 좋을까요?
- 민서: 지역 신문에서 전동 킥보드 관련 기사를 찾아봅니다.
- 아린: 전동 킥보드에 대한 의견을 알아보기 위해 주민들과 면담합니다.
- 상철: 다른 나라의 전동 킥보드 이용자 수에 대한 통계 자료를 찾아봅니다.

(　　　　　　)

11 📖 8종 공통

지역문제의 발생 원인을 파악하는 방법을 두 가지 쓰시오.

____

도움말 어떤 방법으로 지역문제의 발생 원인을 파악할 수 있는지 떠올려 보세요.

12 📖 8종 공통

다음 (　　　) 안에 들어갈 알맞은 말을 쓰시오.

우리 지역의 주차 문제에 관한 (　　　　　) 결과
우리 지역에 주차 문제가 일어나는 원인은 무엇이라고 생각하나요?
① 주차 공간이 부족해서 (13명)
② 주차 공간을 효율적으로 사용하지 못해서 (10명)
③ 주민들이 자기의 편리함만을 생각해서 (7명)

(　　　　　　　　)

13 📖 8종 공통

주차 문제의 발생 원인을 파악하기 위한 자료로 알맞은 것을 (보기)에서 모두 골라 기호를 쓰시오.

(보기)
㉠ 자동차 세차장의 수
㉡ 인기 있는 자동차의 종류
㉢ 자동차 수와 주차 공간의 수
㉣ 시간대별로 주차된 자동차의 수

(　　　　　　　　)

학습 결과에 색칠하세요.   

3회 ❶ 지역문제를 해결하려는 노력

지역문제 해결 방안 탐색하고 결정하기

➕ 지역문제에 대한 해결 방안

통학로 안전 문제

- 신호등을 설치합니다.
- 교통안전 도우미의 활동 시간을 늘립니다.

공원 쓰레기 문제

- 공원에 쓰레기통을 추가로 설치합니다.
- 공원 안에 음식을 먹을 수 있는 공간을 만듭니다.

전동 킥보드 문제

- 보호 장비 착용의 중요성을 알리는 캠페인을 합니다.
- 전동 킥보드 거치대를 추가로 설치합니다.

용어 사전

* **조정** 어떤 기준이나 실정에 맞게 정돈함.
* **경고판** 조심하거나 삼가도록 주의를 주기 위하여 설치된 판.
* **통학로** 집에서 학교나 학원까지 오가는 길.

---

1 지역문제 해결 방안 탐색하기

(1) 지역문제의 해결 방안 탐색하기

① 지역문제가 발생한 원인을 알아본 후에는 그에 알맞은 해결 방안을 찾아봅니다. ➕

② 다양한 해결 방안이 제시되면 대화와 타협으로 의견을 조정해 알맞은 해결 방안을 정합니다.

(2) 지역문제의 해결 방안을 탐색하는 방법

> 여러 사람이 함께 회의하면 다양한 해결 방안을 찾을 수 있어요.

2 지역문제 해결 방안 결정하기 → 각 해결 방안의 장단점은 객관적인 자료와 근거에 따라 평가해야 해요.

① 다양한 해결 방안의 장단점을 비교하고 부족한 점을 *보완합니다.

	해결 방안 ❶ 감시 카메라와 경고판 설치하기	해결 방안 ❷ 분리배출 안내문 만들고 캠페인 하기	해결 방안 ❸ 재활용품 배출 공간 더 만들기
장점	쓰레기를 몰래 버리는 사람이 줄어들 수 있음.	쓰레기의 양이 줄어들 수 있음.	쓰레기 배출 공간이 부족한 문제를 해결할 수 있음.
단점	설치하는 데 *비용이 많이 듦.	효과가 나타날 때까지 시간이 오래 걸림.	관리하는 사람이 필요하고 비용이 듦.

② 대화와 토론을 통해 가장 *합리적인 해결 방안을 선택합니다. ➕

교과서　대표 자료　지역문제 해결 방안 탐색하고 결정하기 ㉒ 주차 문제

• 주차 문제 해결 방안 탐색하기

> 주차 문제 해결 방안
> ❶ *공영 주차장을 새로 건설해 주차 공간을 늘립니다.
> ❷ 주차 공간을 더 만들기 위해 공공 기관의 주차장을 개방합니다.

• 주차 문제 해결 방안 결정하기

해결 방안	장점	단점
공영 주차장 건설	주차 공간이 늘어남.	비용이 많이 드는 편임.
공공 기관 주차장 개방	새로 주차장을 건설하지 않아도 되어 비용이 절감됨.	공공 기관의 협조가 필요함.

➕ **해결 방안을 선택할 때 주의할 점**

• 해결 방안이 실제로 실천 가능한지 따져 봅니다.
• 많은 사람이 원하는 것으로 결정하는 다수결의 원칙에 따르되, 소수의 의견도 존중해야 합니다.

용어 사전

★ **보완** 모자라거나 부족한 것을 보충하여 완전하게 함.
★ **비용** 어떤 일을 하는 데 드는 돈.
★ **합리적** 이론이나 이치에 합당함.
★ **공영 주차장** 국가나 공공 단체에서 운영하는 주차장.

핵심만 한번 더 쓰면서 **정리 !**

지역문제 해결 방안 탐색하기

지역문제가 발생한 [원][인]을 알아본 후에 문제를 해결할 수 있는 [방][안]을 찾아봄.

지역문제 해결 방안 결정하기

각 해결 방안의 [장][점]과 [단][점]을 비교하여 합리적인 방안으로 [결][정]함.

문제 학습

1 지역문제가 발생한 원인을 알아본 후에는 그에 알맞은 해결 (   )을/를 찾습니다.

2 전동 킥보드 문제의 해결 방안에는 보호 장비 착용의 중요성을 알리는 (면담 , 캠페인)을 할 수 있습니다.

3 지역문제 해결 방안을 결정할 때는 각 해결 방안의 (   )을/를 비교하여 가장 합리적인 방안을 선택해야 합니다.

4 다양한 의견이 있을 때는 많은 사람이 원하는 것으로 결정하는 (   )의 원칙에 따르되, 소수의 의견도 존중해야 합니다.

📖 8종 공통

5 다음 그림은 지역문제 해결 과정 중 어느 단계에 해당하는지 쓰시오.

지역문제 해결 방안 (   )하기

📖 8종 공통

6 다음 (   ) 안에 공통으로 들어갈 말을 쓰시오.

> 지역문제가 발생한 원인을 알아본 후에 지역문제를 (   )할 수 있는 방안을 찾습니다. 다양한 (   ) 방안이 제시되면 대화와 타협으로 의견을 조정하여 결정합니다.

(   )

📖 8종 공통

7 다음 (   ) 안에 들어갈 알맞은 말을 골라 ○표 하시오.

> 공원 (주차 , 쓰레기) 문제를 해결하기 위해 공원 안에 음식을 먹을 수 있는 공간을 만들거나, 공원에 쓰레기통을 추가로 설치할 수 있습니다.

천재교과서(박), YBM 외

8 다음과 같은 지역문제에 대한 해결 방안으로 알맞은 것은 어느 것입니까? (   )

> 은유가 사는 지역은 어린이 보호 구역에 불법 주정차를 하는 차들이 많아서 통학로가 위험합니다.

① 주택을 새로 건설한다.
② 쓰레기장을 추가로 만든다.
③ 전동 킥보드 거치대를 설치한다.
④ 교통안전 도우미의 활동 시간을 늘린다.
⑤ 학교에 음식을 먹을 수 있는 공간을 만든다.

| 9~10 | 다음 글을 읽고, 물음에 답하시오.

민성이네 지역은 길거리에 쓰레기가 함부로 버려져 있는 곳이 많아서 공공 기관에는 쓰레기 문제를 해결해 달라는 주민들의 민원이 끊이지 않습니다.

📖 8종 공통

9 민성이네 지역문제를 해결하기 위해 수집해야 할 자료를 알맞게 말한 친구를 골라 ○표 하시오.

(1) (　　　)　　　(2) (　　　)

동아출판, 천재교과서(김) 외

10 민성이네 지역문제를 해결하기 위한 방안으로 알맞은 것을 (보기)에서 모두 골라 기호를 쓰시오.

(보기)
㉠ 감시 카메라 설치하기
㉡ 다른 지역에 쓰레기 몰래 버리기
㉢ 쓰레기 분리배출 캠페인 실시하기
㉣ 쓰레기 무단 투기 금지 경고판 설치하기

(　　　　　　　　　)

서술형 📖 8종 공통

11 다음은 쓰레기 문제의 해결 방안으로 제시된 내용입니다. 해결 방안의 장단점을 쓰시오.

분리배출 캠페인하기

____

도움말 캠페인을 하는 방안의 장점과 단점을 떠올려 보세요.

디지털 문해력 📖 8종 공통

12 다음은 지역의 누리집에 올라온 글입니다. 각 해결 방안의 내용을 선으로 알맞게 연결하시오.

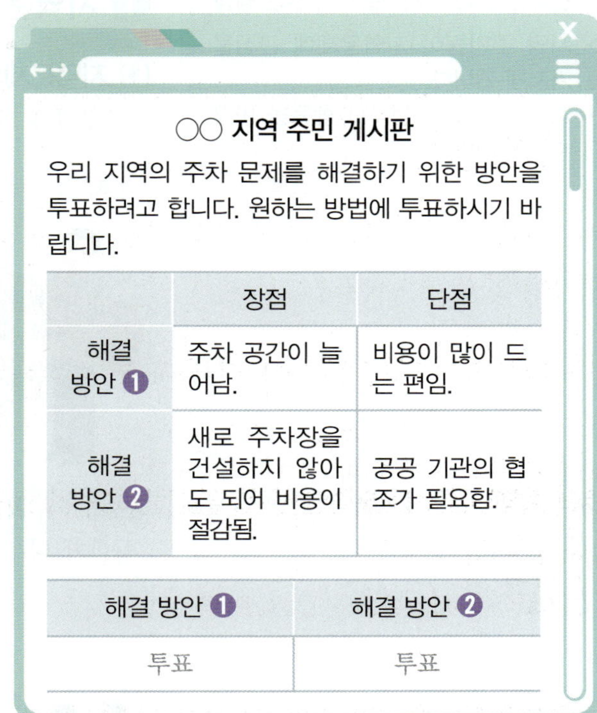

○○ 지역 주민 게시판

우리 지역의 주차 문제를 해결하기 위한 방안을 투표하려고 합니다. 원하는 방법에 투표하시기 바랍니다.

	장점	단점
해결 방안 ❶	주차 공간이 늘어남.	비용이 많이 드는 편임.
해결 방안 ❷	새로 주차장을 건설하지 않아도 되어 비용이 절감됨.	공공 기관의 협조가 필요함.

해결 방안 ❶	해결 방안 ❷
투표	투표

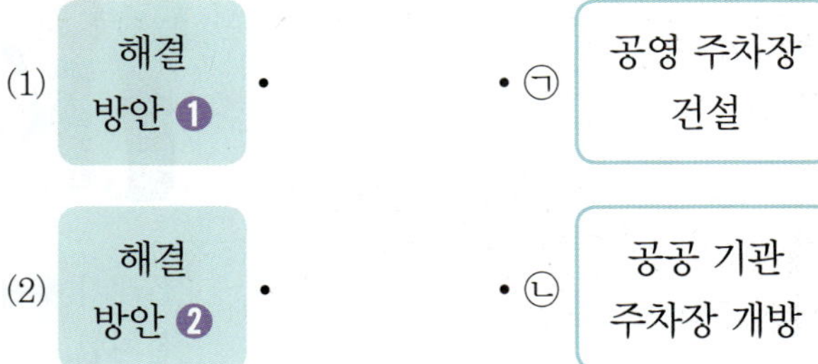

(1) 해결 방안 ❶ ·　　　　· ㉠ 공영 주차장 건설

(2) 해결 방안 ❷ ·　　　　· ㉡ 공공 기관 주차장 개방

📖 8종 공통

13 지역문제의 해결 방안을 결정하는 방법으로 알맞지 <u>않은</u> 것은 어느 것입니까? (　　　)

① 다수결의 원칙 따르기
② 다수의 의견만 존중하기
③ 투표를 통해 의견 모으기
④ 장단점을 객관적으로 평가하기
⑤ 대화와 타협으로 의견 조정하기

학습 결과에 색칠하세요.   

지역문제 해결 방안 실천하기

➕ **캠페인 활동이 지역문제에 주는 영향**
- 지역 주민들이 지역문제에 관심을 가지게 됩니다.
- 지역 주민들의 생각과 행동을 바꿀 수 있습니다.

❶ 지역문제 해결 방안 실천하기

(1) **지역문제의 해결 방안 실천하기:** 지역문제를 해결할 방안을 결정한 다음에는 계획을 세워서 실천합니다.

쓰레기 분리배출 안내문을 만들어 주민들에게 나누어 줌.

올바른 재활용품 분리배출 방법을 *홍보하는 영상을 만듦.

쓰레기 *무단 투기를 금지하는 경고판을 설치함.

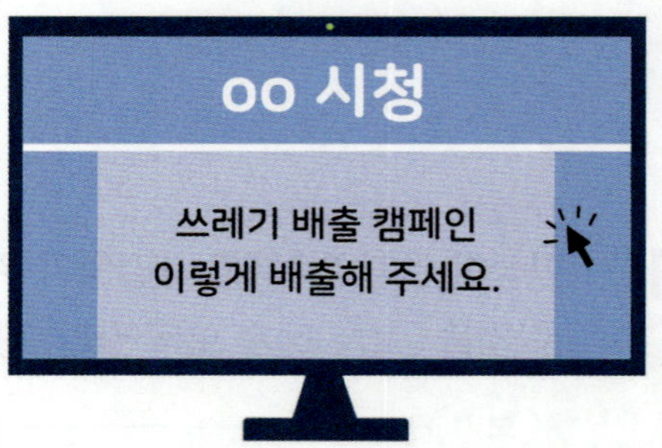

공공 기관 누리집에 올바른 쓰레기 배출 캠페인 내용을 게시함. ➕

해결 방안을 실천할때는 포스터 만들기, 건의하는 글 올리기 등 여러 방법이 있어요.

교과서 대표 자료 지역문제 해결 방안 실천하기 ⑩ 주차 문제

공공 기관 주차장을 *개방해 주세요.

우리 지역은 주차 공간이 부족해서 주차 문제가 발생하고 있습니다. 저녁 시간대에 사용하지 않는 공공 기관의 주차장을 개방한다면 우리 지역의 주차 문제를 해결할 수 있을 것입니다.

- 주차 문제를 홍보하는 포스터를 만들어 주민 게시판에 붙입니다.
- 시청 누리집 게시판에 공공 기관의 주차장을 저녁 6시 이후에 개방해 달라는 글을 올립니다.

용어 사전

✱ **홍보** 널리 알리는 소식.

✱ **무단 투기** 규칙으로 정해지지 않은 곳에 물건 따위를 내던져 버림.

✱ **개방** 남이 쉽게 들어오거나 외부의 힘이 쉽게 미칠 수 있도록 문이나 공간을 열어 놓는 것.

(2) 지역문제의 해결 방안을 실천하는 바람직한 태도

① 지역 주민 모두가 관심을 갖고 문제를 해결하려고 노력해야 합니다.

② 지역문제의 해결 방안을 평가하고 보완하며 지역문제에 지속적으로 관심을 기울여야 합니다.

③ 지역 주민은 공공 기관이 지역문제 해결에 적극적으로 나서도록 해결 방안을 제안하고, 공공 기관과 함께 지역문제를 해결하려고 노력해야 합니다.
  └ 지역에서 일어나는 문제는 어느 한 사람의 노력만으로는 해결하기 어려운 것이 많아요.

2 지역문제 해결에 참여하기

지역문제의 해결 방안을 적극적으로 실천함.

지역문제가 발생했을 때는 시·도청 누리집에 건의하는 글을 올림.

주민들을 대상으로 지역문제 해결에 참여하자는 캠페인을 함. ➕

포스터를 만들어 주민들이 지역의 일에 관심을 가질 수 있도록 함.

➕ **지역문제의 해결을 알리는 캠페인 하기**

사람들이 지역문제에 관심을 가지고, 문제 해결을 위해 노력할 수 있도록 문구를 만들어 캠페인에 참여할 수 있습니다.

용어 사전

★ **건의** 어떤 문제에 대해 의논할 수 있도록 의견을 정식으로 내놓는 것.

핵심만 **한번 더 쓰면서 정리 !**

지역문제를 해결할 방안을 결정한 다음에는 계 획 을 세워서 실 천 함.

지역문제 해결 방안 실천하기 —— 지역문제 해결에 참여하기

• 시·도청 누리집에 건 의 하는 글 올리기
• 지역문제 해결에 참여하자는 캠 페 인 하기

핵심 체크

1 지역문제를 해결할 방안을 결정한 다음에는 계획을 세워서 (　　　)합니다.

2 지역 주민은 (　　　)이/가 지역문제 해결에 적극적으로 나서도록 해결 방안을 제안해야 합니다.

3 지역에서 일어나는 문제는 어느 한 사람의 노력만으로는 해결하기 어려운 것이 (적습니다 , 많습니다).

4 지역문제가 발생했을 때는 시·도청 (　　　)에 건의하는 글을 올려 지역문제 해결에 참여할 수 있습니다.

---

5 다음 (　　　) 안에 들어갈 알맞은 말을 쓰시오.

지역에서 발생하는 쓰레기 문제를 해결하기 위해 쓰레기 분리배출 (　　　)을/를 만들어 주민들에게 나누어 줄 수 있습니다.

(　　　　　　　　　)

6 오른쪽 그림에 나타난 지역문제 해결 방안은 무엇입니까? (　　　)

① 서명 운동하기
② 공청회에 참여하기
③ 주민 회의에 참여하기
④ 공공 기관 누리집에 의견 올리기
⑤ 쓰레기 무단 투기를 금지하는 경고판 설치하기

7 다음은 어떤 지역문제를 해결하기 위한 방안입니까? (　　　)

① 소음 문제　　　　② 주차 문제
③ 주택 문제　　　　④ 쓰레기 문제
⑤ 인구 감소 문제

8 주차 문제의 해결 방안을 실천하는 모습을 알맞게 말한 친구를 골라 이름을 쓰시오.

• 여경: 주차 문제를 홍보하는 포스터를 만들어 주민 게시판에 붙입니다.
• 규철: 시청 누리집 게시판에 지역의 모든 주차장을 무료로 개방해 달라는 글을 씁니다.

(　　　　　　　　　)

디지털 문해력　📖 8종 공통

9 다음 시청 누리집에 올라온 글을 보고 알 수 있는 내용으로 알맞은 것에 ◯표 하시오.

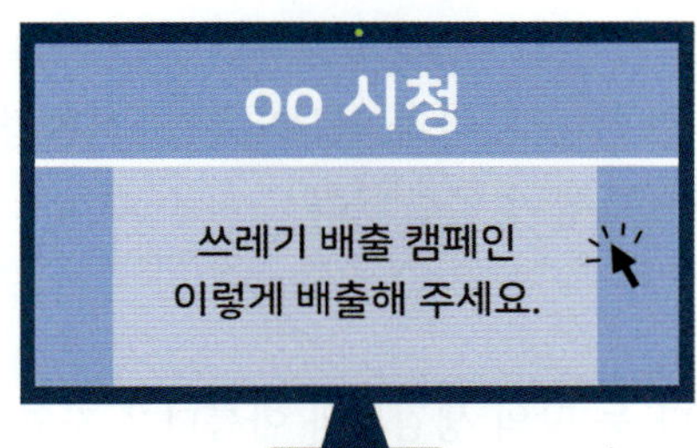

(1) 올바른 쓰레기 배출 캠페인을 알리는 내용입니다.
　　　　　　　　　　　　　　　(　　　)

(2) 주민이 시청 누리집에 건의하는 글을 올린 내용입니다.
　　　　　　　　　　　　　　　(　　　)

📖 8종 공통

10 다음 (　　) 안에 공통으로 들어갈 말은 어느 것입니까? (　　)

> 　다인이와 친구들은 지역의 쓰레기 문제를 해결하기 위해 주말마다 사람들이 많이 모이는 장소에서 '환경 보호 (　　)'을/를 하기로 했습니다. (　　)을/를 통해서 주민들의 생각과 행동을 바꿀 수 있기 때문입니다.

① 토론　　　　　　② 공청회
③ 캠페인　　　　　④ 주민 회의
⑤ 주민 투표

📖 8종 공통

11 지역문제를 해결하는 바람직한 태도를 가진 사람은 누구입니까? (　　)

① 학생1: 무조건 학교에 항의합시다.
② 학생2: 도청 누리집에 의견을 올립시다.
③ 주민1: 우리는 그 문제를 해결할 수 없어요.
④ 주민2: 일부 주민만을 위해 이럴 필요 없어요.
⑤ 시청 공무원: 시청에서 알아서 할 테니 주민들은 상관하지 마세요.

동아출판, 아이스크림 외

12 지역문제의 해결 방안을 실천하는 바람직한 태도에 대해 알맞게 말한 친구를 골라 ◯표 하시오.

(1)　　　　　　　　　　(2)

(　　　)　　　　　　(　　　)

서술형　천재교과서(김), YBM 외

13 다음과 같은 지역문제를 해결하기 위해 어린이들이 참여할 수 있는 방법을 한 가지만 쓰시오.

> 　정해지지 않은 장소에 불법으로 주차한 자동차가 많아 사람들이 이동하는 데 불편을 겪고, 교통사고의 위험이 있습니다.

____

도움말 지역문제 해결 방안 중에서 어린이들이 할 수 있는 일을 떠올려 보세요.

학습 결과에 색칠하세요.　

개념 학습

5회

지역을 나타내는 특성

➊ 지역의 특성

단양 도담 삼봉

도담 삼봉은 남한강에 세 개의 봉우리로 이루어진 섬입니다. 경치가 아름다워 많은 사람들이 찾고, 도담 삼봉과 관련된 시와 그림이 많이 전해집니다.

(1) 지역의 고유한 특성: 각 지역은 다른 지역과 구분되는 자연환경, 역사, 문화, 생산물 등 그 지역만의 고유한 특성이 있습니다. → 이에 따라 지역마다 유명한 음식이나 문화 등이 달라요.

(2) 지역을 나타내는 특성

자연환경	산, 들, 하천, 바다 등 땅의 생김새와 아름다운 자연환경
역사	지역의 대표적인 국가유산, 역사적 사건이나 인물 등
문화	지역의 유명한 관광지, 음악, 미술 등
생산물	지역에서 많이 생산되는 물건, 음식, 전통 공예품 등

➋ 지역을 대표하는 사례

(1) 자연환경 ➕

다양한 동식물과 아름다운 경관을 자랑하는 광주 무등산

섬의 모양이 오동잎을 닮은 여수 오동도

경주 첨성대

첨성대는 별의 움직임을 관찰하던 천문대입니다. 옛사람들의 훌륭한 과학 기술을 보여 줍니다.

(2) 역사 ➕

옛사람들의 뛰어난 건축 기술을 보여 주는 경주 불국사

구석기 유적이 발견된 연천 전곡리 선사 유적지

(3) 문화

서귀포에 있는 '흰 소' 그림으로 유명한 화가 이중섭 거리

문화 예술 축제인 광주 비엔날레

용어 사전

★ **고유** 집단이나 사물이 본래부터 가지고 있는 특유한 것.

★ **자연환경** 우리를 둘러싸고 있는 모든 것 중 사람이 만들지 않은 자연 그대로의 것들.

★ **천문대** 우주에 있는 별 등의 물체를 관측하고 연구하는 곳.

(4) 생산물 ➕

흙으로 빚고 구워서 만든
이천 도자기

차를 재배하기에 좋은 지역에서
자란 보성 녹차

➕ **김제 쌀**

김제는 *평야가 발달해 쌀이 많이 생산
됩니다.

교과서 대표 자료 지역을 대표하는 것을 조사하는 방법

지역의 *소식지나 관광 안내 자료
찾아보기

시·군·구청이나 한국관광공사
누리집 방문하기

직접 가서 조사하기

지역에 대해 잘 알고 계신 분에게
여쭈어보기

용어 사전

⭐ **소식지** 새로운 소식을 알리는 책자
나 종이.

⭐ **평야** 높고 낮음이 매우 작고, 평평
하고 넓은 땅.

2단원 / 5회

핵심만 한번 더 쓰면서 정리 !

자 연 환 경
산, 들, 하천, 바다 등 땅의 생김새와
아름다운 자연환경

문 화
지역의 유명한
관광지, 음악, 미술 등 

지역을 나타내는 특성

역 사
지역의 대표적인 국가유산,
역사적 사건이나 인물 등

생 산 물
지역에서 많이 생산되는
물건, 음식, 전통 공예품 등

핵심 체크

1 각 지역은 다른 지역과 구분되는 자연환경, 역사, 문화, 생산물 등 지역만의 고유한
( )이/가 있습니다.

2 지역의 유명한 관광지, 음악, 미술 등은 (문화 , 역사)적 특성입니다.

3 지역에서 많이 생산되는 물건, 음식, 전통 공예품 등의 ( )은/는 지역을 대표
하기도 합니다.

4 지역을 대표하는 것을 조사할 때 지역의 (소식지 , 노선도)를 찾아볼 수 있습니다.

■ 8종 공통

5 지역의 특성에 대한 설명으로 알맞은 것에 ○표,
알맞지 <u>않은</u> 것에 ×표 하시오.

⑴ 지역을 대표하는 것은 지역마다 똑같습니다.
( )

⑵ 우리 지역을 대표하는 것을 조사해 보면 우리
지역의 특성을 알 수 있습니다. ( )

아이스크림, 천재교과서(김) 외

6 친구들의 대화를 읽고 알 수 있는 점으로 알맞은 것
은 어느 것입니까? ( )

- 현민: 가족들과 여수에 갔는데 오동잎을 닮은
  오동도가 기억에 남아.
- 예린: 아빠와 무등산에 올랐는데 덥고 힘들기
  도 했지만 정상에 오르니 기분이 상쾌했어.

① 다른 지역을 여행할 필요가 없다.
② 지역마다 고유한 자연환경이 있다.
③ 지역은 달라도 자연환경은 모두 같다.
④ 지역마다 유명한 곳에 꼭 방문해야 한다.
⑤ 여행을 가야만 다른 지역에 대해 알 수 있다.

| 7~8 | 다음 (보기)를 보고, 물음에 답하시오.

(보기)
ⓐ 역사 ⓑ 생산물
ⓒ 자연환경 ⓓ 공공 기관

■ 8종 공통

7 지역을 나타내는 특성으로 알맞지 <u>않은</u> 것을 위
(보기)에서 골라 기호를 쓰시오.

( )

■ 8종 공통

8 다음 사진과 관련 있는 지역의 특성을 위 (보기)에
서 골라 기호를 쓰시오.

▲ 경주 불국사

▲ 연천 전곡리 선사 유적지

( )

9 〔8종 공통〕
다음 제시된 것들의 공통점으로 알맞은 것은 어느 것입니까? (   )

- 보성 녹차
- 이천 도자기

① 지역의 역사이다.
② 지역의 생산물이다.
③ 지역에 부정적인 영향을 준다.
④ 지역의 유명한 음악과 미술이다.
⑤ 다른 지역보다 품질이 좋지 않다.

10 〔8종 공통〕
다음 사진과 관련 있는 지역의 특성을 (보기)에서 골라 기호를 쓰시오.

▲ 광주 비엔날레

(보기)
㉠ 문화   ㉡ 생산물   ㉢ 자연환경

(   )

11 〔서술형〕〔미래엔 외〕
다음 사진과 관련 있는 지역의 특성은 무엇인지 쓰시오.

▲ 서귀포 이중섭 거리

〔도움말〕 자연환경, 역사, 문화, 생산물 등의 특성 중 어느 것과 관련 있는지 생각해 보세요.

12 〔디지털 문해력〕 아이스크림, 지학사 외
다음 텔레비전 광고를 보고, 지역의 어떤 특성과 관련 있는 것인지 쓰시오.

(   )

13 〔8종 공통〕
지역을 대표하는 것을 조사하는 방법으로 알맞지 않은 것은 어느 것입니까? (   )

① 직접 가서 조사하기
② 동화책에서 찾아보기
③ 지역의 소식지 찾아보기
④ 지역을 잘 아는 분에게 여쭈어보기
⑤ 시청·군청·구청의 누리집 방문하기

학습 결과에 색칠하세요.   

개념 학습

6회

여러 지역의 특성

⊕ 통영 동피랑 벽화 마을

통영은 구불구불한 골목길에 있는 담벼락마다 벽화가 그려져 있는 동피랑 벽화 마을이 유명합니다. 또한 통영은 굴이 자라기 좋은 환경을 갖추어 굴이 유명합니다.

⊕ 전주 한옥 마을

전주 풍남동 일대에 700여 채의 한옥이 모여 생활하는 국내 최대 규모의 전통 한옥 마을이 있습니다. 이곳에서 국가유산과 한옥, 한식, 한지, 한복 등을 경험할 수 있습니다.

---

1 경상남도 통영 ⊕

→ 통영은 바다가 많아서 조개나 전복 껍데기를 쉽게 구할 수 있어요.

나전칠기	한려 해상 국립 공원

조개나 전복 껍데기로 만든 ★공예품인 나전칠기가 유명함.	크고 작은 섬들과 자연경관이 조화를 이루는 해양 생태계의 ★보고임.

교과서 대표 자료 통영의 국가유산

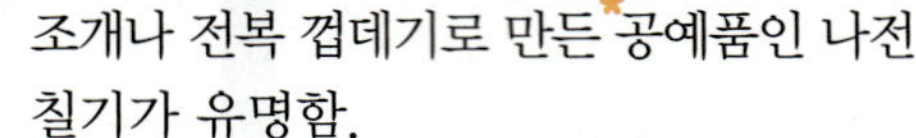

→ 이순신 장군을 기리는 사당이에요.

▲ 이순신 장군

▲ 충렬사

통영시에는 이순신 장군과 관련된 국가유산이 있습니다. 이순신 장군이 임진왜란 때 한산도 앞바다에서 일본군을 크게 무찌른 역사가 있기 때문입니다. 통영시에서는 이러한 역사를 알리려고 유적지를 보존하고, 축제를 열기도 합니다.

2 전북특별자치도 전주 ⊕

→ 전주 지역은 예부터 소리, 특히 판소리가 발달한 지역이에요.

전주 세계 소리 축제	한지와 부채

우리나라는 물론 세계 여러 나라의 전통 음악을 알리고 지켜나가기 위해 여는 축제임.	전주는 옛날부터 종이의 원료가 되는 닥나무가 많아 종이와 관련된 문화가 발달했음.

3 충청남도 공주 ➕

무령왕릉	공산성

백제 무령왕의 무덤으로 이곳에서 많은 유물이 발견되었음.	백제 시대를 대표하는 성곽으로, 적의 침입을 막으려고 만들었음.

4 제주특별자치도 ➕

성산 일출봉	한라산

큰 *분화구로 *유네스코 세계 자연유산에 등재되어 있음.	화산이 폭발하면서 만들어진 산으로, 정상에는 '백록담'이라는 호수가 있음.
감귤	주상 절리
제주특별자치도는 날씨가 따뜻해 감귤이 잘 자람.	뜨거운 용암이 바다와 만나 빠르게 굳어서 만들어진 기둥 모양의 암석임.

➕ 국가유산이 많은 공주

▲ 무령왕 금제 관식

공주는 백제의 수도였던 지역으로, 국가유산이 많이 남아 있습니다.

➕ 화산 폭발로 만들어진 섬

▲ 만장굴

제주특별차지도는 우리나라의 남쪽에 위치하는 섬으로, 화산이 폭발하면서 만들어졌습니다.

2 단원 / 6회

용어 사전

★ **분화구** 땅속 마그마가 용암이나 화산 가스를 땅 위로 분출하는 구멍.

★ **유네스코** 교육, 과학, 문화의 보급과 국제 교류 증진을 통한 국제간의 이해와 세계 평화를 추구하는 국제 연합 전문 기관.

핵심만 한번 더 쓰면서 **정리!**

여러 지역의 특성

- 통영 : 나전칠기, 한려 해상 국립 공원, 동피랑 벽화 마을 등
- 전주 : 전주 세계 소리 축제, 한지, 부채, 한옥 마을 등
- 공주 : 무령왕릉, 공산성, 무령왕 금제 관식 등
- 제주 : 성산 일출봉, 한라산, 감귤, 주상 절리 등

핵심 체크

1 통영은 조개나 전복 껍데기로 만든 공예품인 (   )이/가 유명합니다.

2 (공주 , 전주)에는 무령왕릉, 공산성 등 국가유산이 많이 남아 있습니다.

3 전주 세계 (   ) 축제는 우리나라는 물론 세계 여러 나라의 전통 음악을 알리고 지켜나가기 위해 여는 축제입니다.

4 제주특별자치도에서 볼 수 있는 뜨거운 용암이 바다와 만나 빠르게 굳어서 만들어진 기둥 모양의 암석을 (   )(이)라고 합니다.

| 5~6 | 다음 사진을 보고, 물음에 답하시오.

▲ 나전칠기　　　　▲ 한려 해상 국립 공원

비상교육, 천재교과서(박) 외

5 위와 같은 특성이 있는 지역은 어디인지 쓰시오.

(　　　　　　　　　)

서술형　비상교육, 천재교과서(박) 외

6 위 **5**번 답의 지역에서 나전칠기가 유명한 까닭을 쓰시오.

____

____

도움말　나전칠기를 무엇으로 만드는지 생각해 보세요.

아이스크림, YBM 외

7 다음 (   ) 안에 공통으로 들어갈 말을 쓰시오.

전주는 옛날부터 (   )의 원료가 되는 닥나무가 많아 (   )와 관련된 문화가 발달했습니다.

(　　　　　　　　　)

아이스크림, 지학사 외

8 지역의 이름과 특성을 선으로 알맞게 연결하시오.

(1) 통영　　•　　•㉠ 굴

(2) 전주　　•　　•㉡ 판소리

| 9~10 | 다음 글을 읽고, 물음에 답하시오.

▲ 공산성

이 지역은 백제의 수도였던 곳으로, 국가유산이 많이 남아 있습니다. 대표적으로 적의 침입을 막으려고 만든 성곽인 공산성이 있습니다.

동아출판, 천재교과서(박) 외

9 윗글에 밑줄 친 '이 지역'은 어디인지 쓰시오.

(   )

동아출판, 천재교과서(박) 외

10 위 **9**번 답에 대해 알맞게 말한 친구를 골라 ○표 하시오.

(1)

(1) (   )   (2) (   )

지학사, 천재교과서(박) 외

11 다음 (   ) 안에 공통으로 들어갈 말을 쓰시오.

> **화산 폭발로 만들어진 (   )**
>
> (   )은/는 우리나라의 남쪽에 위치하는 섬으로, 화산이 폭발하면서 만들어졌습니다. 이와 관련 있는 주상 절리, 용암 동굴 등의 지형을 볼 수 있습니다.

(   )

---

12 다음은 SNS에 올라온 글을 보고, (   ) 안에 들어갈 알맞은 말을 쓰시오.

우리 지역의 자랑거리를 소개합니다. (   )은/는 제주특별자치도에 있는 큰 분화구로 유네스코 세계 자연유산에 등재되어 있습니다.

(   )

동아출판, 지학사 외

13 제주특별자치도의 생산물에 해당하는 것을 골라 ○표 하시오.

(1)   (2)

▲ 감귤   ▲ 한라산

(1) (   )   (2) (   )

학습 결과에 색칠하세요.

2 단원 **6**회

지역을 알리는 노력과 방법

청정 지역에서만 서식하는 *반딧불이를 주제로 하는 축제로, 반딧불이의 빛을 직접 체험하면서 자연을 체험할 수 있습니다.

1 지역을 알리는 노력

(1) **지역을 알리는 노력**: 지역 사람들은 지역의 자연환경, 역사, 문화, 생산물 등의 자랑거리를 알리려고 다양한 노력을 합니다.

(2) **지역을 알리는 다양한 방법**

① 축제를 열거나 관광 상품을 개발합니다.

② 박물관이나 전시관을 만들거나 상징물을 만듭니다.

③ *박람회나 직거래 장터를 열거나 상품을 개발해 판매합니다.

2 지역을 알리는 방법

(1) **지역의 자연환경을 알리는 방법**

① 각 지역은 자연환경을 체험하고 감상할 수 있는 축제를 열거나, 관광 상품을 개발하기도 합니다. ➕

② 사례

보령 머드 축제	솔향 강릉

갯벌이 발달한 보령시는 진흙(머드)을 이용한 축제를 엶.	마음의 평안과 휴식을 주는 소나무로 강릉 시민의 정신을 표현함. └→ 강릉에는 소나무가 많아요.

서울특별시 관악구에 있는 강감찬대로는 다른 나라의 침입을 크게 물리쳐 우리나라를 지킨 강감찬 장군의 이름을 따서 지은 거리입니다.

(2) **지역의 역사를 알리는 방법**

① 각 지역은 지역에 전해 내려오는 역사를 보존하고 알리려고 박물관이나 전시관을 만들거나 *상징물을 만들기도 합니다. ➕

② 사례

국립 공주 박물관	경주시의 관이와 금이

백제 문화를 중심으로 충청남도의 역사와 문화를 보존하고 전시함.	신라 시대의 왕과 여왕을 지역의 캐릭터로 표현함. └→ 신라 왕조의 권위와 지혜, 예술의 혼 등을 담고 있어요.

- ✱ **박람회** 일정 기간 동안 선전을 하기 위하여 온갖 물품을 사람들에게 보이는 행사.
- ✱ **상징물** 특별한 의미나 생각을 담고 있는 물건.
- ✱ **반딧불이** 배의 끝에 빛을 내는 기관이 있어, 밤에 빛을 내며 날아다니는 곤충.

(3) 지역의 문화를 알리는 방법

① 각 지역은 지역만의 독특하거나 고유한 문화를 알리려고 축제를 열거나, 관광 상품을 만들기도 합니다. ➕

② 사례

당진*기지시 줄다리기 민속 축제	부산 감천 문화 마을

마을의 *안녕과 풍년을 비는 행사로, 500여 년이 넘게 이어오고 있음.	지역의 역사와 문화를 알리려고 마을을 새롭게 꾸미고 관광*명소로 만듦.

(4) 지역의 생산물을 알리는 방법

① 각 지역은 생산물을 알리려고 박람회나 축제, 직거래 장터를 열기도 합니다.

② 생산물을 활용한 상징물을 만들거나 상품을 개발해 판매하기도 합니다.

③ 사례

박람회	상징물
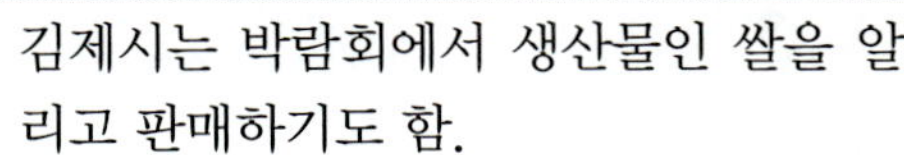	
김제시는 박람회에서 생산물인 쌀을 알리고 판매하기도 함.	금산군은 지역의 대표 생산물인 인삼을 지역의 상징 마크로 표현함.

➕ **청주시의 직지 문화제**

세계 기록 유산에 등재된 《직지》는 세계에서 가장 오래된 금속 활자 인쇄본입니다. 청주시에서는 금속 활자 인쇄술 발명의 위대함을 알리고, 그 가치를 높이기 위해 직지 문화제를 개최하고 있습니다.

2
단원
7회

용어 사전

* **기지시 줄다리기** 충청남도 당진시 송악읍 기지시리에서 전승되는 전통 민속놀이.
* **안녕** 아무 탈 없이 편안함.
* **명소** 아름다운 경치나 역사적으로 중요한 자취가 있어 널리 알려진 곳.

핵심만 **한번 더 쓰면서** **정리 !**

지역을 알리는 노력	지역 사람들은 지역의 자연환경, 역사, 문화, 생산물 등의 자랑거리를 알 리 려 고 다양한 노력을 함.
지역을 알리는 방법	• 축 제 를 열거나 관광 상품을 개발함. • 박물관이나 전 시 관 을 만들거나 상징물을 만듦. • 박 람 회 나 직거래 장터를 열거나 상품을 개발하여 판매함.

핵심 체크

1 지역 사람들은 지역의 자연환경, 역사, 문화, 생산물 등의 자랑거리를 알리려고 다양한 (노력 , 소비)을/를 합니다.

2 각 지역은 자연환경을 체험하고 감상할 수 있는 (　　　)을/를 열거나, 관광 상품을 개발하기도 합니다.

3 부산 감천 (　　　) 마을은 지역의 역사와 문화를 알리려고 새롭게 꾸민 마을입니다.

4 지역을 알리기 위해 생산물을 활용한 (　　　)을/를 만들거나 상품을 개발해 판매하기도 합니다.

8종 공통

5 다음 (　　　) 안에 공통으로 들어갈 말을 쓰시오.

▲ 보령 머드 (　　　)

각 지역은 자연환경을 체험하고 감상할 수 있는 (　　　)을/를 열기도 합니다.

(　　　　　　　)

8종 공통

6 지역을 알리는 방법에 대한 설명으로 알맞은 것에 ○표, 알맞지 <u>않은</u> 것에 ×표 하시오.

⑴ 눈에 보이지 않는 지역의 역사는 알릴 필요가 없습니다.　　　　　　　　　(　)

⑵ 지역에 전해 내려오는 역사를 보존하고 알리려고 박물관이나 전시관 등을 만듭니다.(　)

8종 공통

7 지역을 알리는 방법에 대해 알맞게 말한 친구를 골라 이름을 쓰시오.

(　　　　　　　)

8종 공통

8 다음 (　　　) 안에 공통으로 들어갈 말을 쓰시오.

각 지역은 생산물을 알리려고 (　　　)나 축제, 직거래 장터 등을 열기도 합니다. 김제시는 (　　　)에서 생산물인 쌀을 알리고 판매하기도 합니다.

(　　　　　　　)

9

다음 사진을 보고, 알맞게 말한 친구를 골라 ○표 하시오.

▲ 국립 공주 박물관

(1)

(2)

(   )   (   )

10 디지털 문해력 미래엔 외

다음은 지역 누리집의 게시글입니다. (   ) 안에 공통으로 들어갈 지역 이름을 쓰시오.

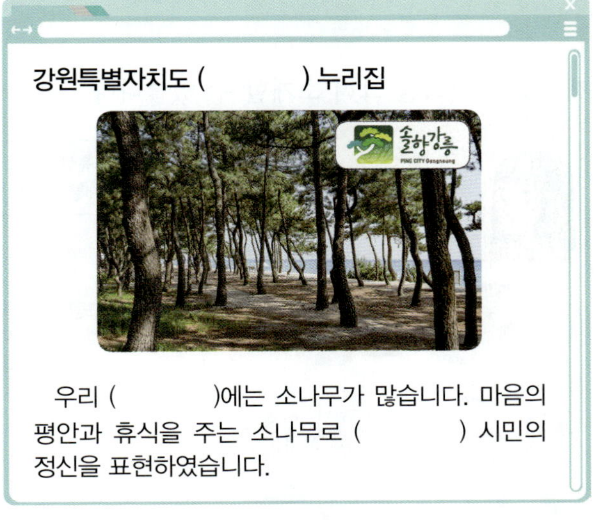

(   )

11 서술형 동아출판, 천재교과서(김) 외

다음 그림과 관련 있는 지역의 자랑거리를 알리는 노력을 쓰시오.

▲ 경주시의 관이와 금이

____

____

도움말 제시된 그림은 어떤 방법으로 지역을 알리는 것인지 생각해 보세요.

12 비상교육, 아이스크림 외

축제와 가장 관련 있는 지역의 특성을 선으로 알맞게 연결하시오.

(1) 무주 반딧불 축제 •   • ㉠ 문화

(2) 당진 기지시 줄다리기 민속 축제 •   • ㉡ 자연환경

13 8종 공통

다음 (   ) 안에 들어갈 알맞은 말을 쓰시오.

충청남도 금산군은 지역의 대표 생산물인 인삼을 지역의 (   )(으)로 표현합니다.

(   )

학습 결과에 색칠하세요.   

개념 학습   **8**회

우리 지역 알리기

➕ 우리 지역을 알리는 방법

우리 지역을 알리기 위해 축제 초대장을 만들거나, 사진전을 열 수 있습니다.

➕ 안내도 만들기

① 지역의 *백지도에 소개할 자랑거리가 있는 곳을 색칠합니다.
② 자랑거리를 설명하는 자료를 만들고, 백지도에 붙입니다.
③ 백지도에 색칠한 곳과 자료를 선으로 이어 완성합니다.

용어 사전

* **자부심** 자기 자신 또는 자기와 관련 있는 것에 대하여 스스로 그 가치나 능력을 믿고 당당히 여기는 마음.
* **백지도** 여러 가지 사실을 적어 넣기 위한 연습용 지도로, 지형의 윤곽 정도만 그려져 있음.

---

1 우리 지역을 알리는 것이 중요한 까닭

① 우리 지역의 자랑거리를 알리는 활동을 통해 우리 지역을 더 깊이 이해할 수 있습니다.
② 지역이 널리 알려지면 많은 사람이 지역을 방문해 지역이 경제적으로 발전할 수 있습니다.
③ 지역 사람들은 *자부심을 가질 수 있고, 지역의 문화는 오랫동안 이어질 수 있습니다.

2 우리 지역을 알리는 방법

(1) **우리 지역을 알리는 방법**: 포스터 만들기, 만화 그리기, 뉴스 기사 만들기 등이 있습니다. ➕

(2) **우리 지역 소개하기** ➕

① 우리 지역을 대표하는 것을 그려 포스터를 만들 수 있습니다.

② 우리 지역의 특성을 재미있게 만화를 그려 소개할 수 있습니다.

③ 지역의 특성, 사진 등의 내용을 담은 뉴스 기사를 만들 수 있습니다. ➕

교과서 대표 자료 ⭐ **사회 관계망 서비스(SNS)에 우리 지역 알리기**

우리 지역의 자랑거리를 소개할 애플리케이션을 선택한 후, 소개하는 내용을 쓰고 관련 있는 사진이나 그림을 올려 사람들에게 우리 지역을 소개할 수 있습니다.

➕ **소개 영상 만들기**

뉴스 기사의 내용을 영상으로 만들 수 있습니다.

우리 지역에서 소개하고 싶은 것을 정한 후 SNS에 올려 보세요.

2단원 / 8회

용어 사전

⭐ **사회 관계망 서비스** 다른 사람들과 교류할 수 있도록 응용 프로그램이나 누리집 등을 관리하는 서비스.

핵심만 한번 더 쓰면서 **정리 !**

우리 지역을 알리는 것이 중요한 까닭	• 우리 지역을 더 깊이 이해 할 수 있음.
	• 많은 사람이 지역을 방문해 지역이 경제적 으로 발전할 수 있음.
	• 지역 사람들은 자부심 을 가지고, 지역의 문화는 오랫동안 이어질 수 있음.
우리 지역을 알리는 방법	• 포스터 만들기 • 뉴스 기사 만들기
	• 만화 그리기 등 • 축제 초대장 만들기

핵심 체크

1 우리 지역의 자랑거리를 알리는 활동을 통해 우리 지역을 더 깊이 (   )할 수 있습니다.

2 우리 지역을 알리는 활동을 통해 지역 사람들은 (경쟁심 , 자부심)을 가질 수 있습니다.

3 우리 지역을 알리기 위해 그림을 그리고 말풍선이나 설명을 넣어 지역을 알리는 (   )을/를 그릴 수 있습니다.

4 지역의 특성, 사진, 소개하는 내용을 담은 뉴스 (   )을/를 만들어 우리 지역을 소개할 수 있습니다.

📖 8종 공통

5 지역을 알리는 것에 대한 설명으로 알맞은 것에 ○표, 알맞지 <u>않은</u> 것에 ×표 하시오.

(1) 지역을 알리면 지역의 문화가 사라질 수 있습니다. (   )

(2) 지역을 알리는 활동에 참여함으로써 지역을 더 잘 이해할 수 있습니다. (   )

📖 8종 공통

6 지역을 알리는 것이 중요한 까닭으로 알맞은 것을 (보기)에서 모두 골라 기호를 쓰시오.

(보기)
ㄱ 지역에 방문하는 사람이 줄어든다.
ㄴ 지역이 경제적으로 발전할 수 있다.
ㄷ 지역의 문화가 오랫동안 이어질 수 있다.
ㄹ 지역의 여러 가지 문제가 저절로 해결된다.

(   )

📖 8종 공통

7 우리 지역의 소개 자료를 만들 때 담아야 할 내용이 <u>아닌</u> 것을 골라 기호를 쓰시오.

(보기)
ㄱ 지역의 특징
ㄴ 지역의 생산물
ㄷ 지역을 소개하는 글
ㄹ 지역 국가유산의 가격

(   )

지학사, 천재교과서(김) 외

8 다음은 어떤 방법으로 우리 지역의 소개 자료를 만든 것입니까? (   )

① 달력　　　② 노래　　　③ 책자
④ 영상　　　⑤ 마스코트

9 다음 그림은 우리 지역을 어떤 방법으로 소개하는 모습입니까? (   )

① 만화 그리기
② 안내도 만들기
③ 포스터 만들기
④ 안내 책자 만들기
⑤ 사회 관계망 서비스에 소개하기

10 다음 포스터를 보고 알 수 있는 홍천의 특성을 쓰시오.

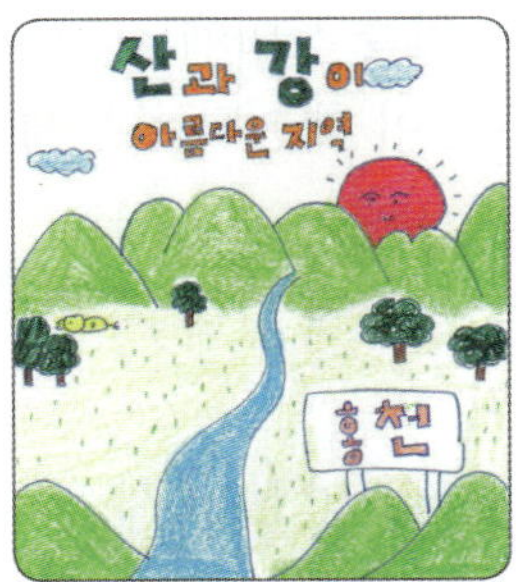

____

____

11 우리 지역을 알리는 방법을 알맞게 말한 친구를 골라 이름을 쓰시오.

> • 원지: 지역문제가 발생한 원인을 조사합니다.
> • 동연: 우리 지역의 축제에 초대하는 초대장을 만들어 주변 사람들에게 줍니다.

(   )

12 다음 SNS 글에 대한 설명으로 알맞은 것에 ◯표 하시오.

⑴ 지역을 소개하는 내용을 담은 뉴스 기사입니다.

(   )

⑵ 담양을 소개하는 글을 사회 관계망 서비스에 올린 내용입니다.

(   )

13 다음은 어떤 방법으로 우리 지역을 소개하는 것인지 쓰시오.

① 지역의 백지도에 소개할 자랑거리가 있는 곳을 색칠합니다.
② 자랑거리를 설명하는 자료를 만들고, 백지도에 붙입니다.
③ 백지도에 색칠한 곳과 자료를 선으로 이어 완성합니다.

(   ) 만들기

> 학습 결과에 색칠하세요.   

| 1~2 | 다음 그림을 보고, 물음에 답하시오.

▲ 도로가 자주 막히고 주차할 공간이 부족합니다.

▲ 지어진 지 오래된 주택이 많아 생활하기 불편합니다.

▮ 8종 공통

1 위 그림과 같이 지역 주민의 삶을 불편하게 하거나 지역 주민들 사이에 갈등을 일으키는 문제를 무엇이라고 하는지 쓰시오.

(   )

서술형 ▮ 8종 공통

2 위 **1**번 답의 문제를 확인하는 방법을 두 가지 쓰시오.

____

____

▮ 8종 공통

3 지역문제의 종류로 알맞지 <u>않은</u> 것은 어느 것입니까? (   )

① 도서관이 없어서 불편하다.
② 아침에 일찍 일어나기 힘들다.
③ 사람은 많은데 주택이 부족하다.
④ 주변에 큰 도로가 있어 매우 시끄럽다.
⑤ 주변에 공장이 있어 대기 오염이 심각하다.

아이스크림, 천재교과서(박) 외

4 지역문제에 대한 설명으로 알맞지 <u>않은</u> 것은 어느 것입니까? (   )

① 지역 주민의 생활에 불편을 주는 문제다.
② 지역 주민들 사이에 갈등을 일으키는 문제다.
③ 국가유산이 훼손되는 문제는 지역문제로 볼 수 없다.
④ 지리적 특징에 따라 지역마다 다르게 나타나기도 한다.
⑤ 환경 문제, 안전 문제, 소음 문제, 시설 부족 문제 등이 있다.

▮ 8종 공통

5 다음 (   ) 안에 공통으로 들어갈 말을 쓰시오.

> 지역문제는 지역의 모든 (   )에게 영향을 미치기 때문에 지역문제를 해결하는 과정에 지역 (   ) 모두가 참여해야 합니다.

(   )

| 6~7 | 다음은 지역문제를 해결하는 과정입니다. 물음에 답하시오.

> ㉠ 지역문제 확인하기
> ㉡ 문제 해결 방안 결정하기
> ㉢ 문제 해결 방안 실천하기
> ㉣ 문제 해결 방안 탐색하기
> ㉤ 문제 발생 원인 파악하기

📖 8종 공통

6 지역문제를 확인한 후에 할 일을 위에서 골라 기호를 쓰시오.

(　　　　　　　　)

📖 8종 공통

7 다음은 어떤 과정에 대한 설명인지 위에서 골라 기호를 쓰시오.

> 다양한 해결 방안의 장단점을 비교하고, 대화와 타협을 통해 가장 적절한 해결 방안을 선택합니다.

(　　　　　　　　)

📖 8종 공통

⭐ **8** 다음 ( ) 안에 들어갈 말을 알맞게 짝지은 것은 어느 것입니까? (　　)

> 지역의 일에 주민들은 (　　　)을 가지고, 적극적으로 (　　　)해야 합니다.

① 관심, 참여
② 경쟁심, 비판
③ 무관심, 대처
④ 무관심, 투표
⑤ 애정, 무관심

동아출판, 천재교과서(김) 외

9 다음은 지역문제 해결 과정 중 어느 단계에 해당합니까? (　　)

> • 지역 주민 대표: 우리 지역의 쓰레기 문제를 해결하는 방안에는 무엇이 있을까요?
> • 학교 관계자: 쓰레기 분리배출 캠페인을 합시다.
> • 시민 단체 대표: 재활용품 배출 공간을 더 늘립시다.
> • 시청 공무원: 골목마다 경고판도 설치해서 무단 투기를 예방합시다.

① 문제 확인하기
② 원인 파악하기
③ 해결 방안 결정하기
④ 해결 방안 탐색하기
⑤ 해결 방안 실천하기

📖 8종 공통

10 지역문제의 해결 방안을 선택할 때 주의할 점에 대해 알맞게 말한 친구를 골라 이름을 쓰시오.

▲ 하은

▲ 민섭

(　　　　　　　　)

8종 공통

11 지역의 특성으로 알맞지 <u>않은</u> 것을 (보기)에서 골라 기호를 쓰시오.

(보기)
㉠ 문화 ㉡ 역사
㉢ 생산물 ㉣ 교통 문제

(   )

8종 공통

12 문화와 관련 있는 지역의 특성을 골라 ○표 하시오.

(1)   (2)

▲ 여수 오동도   ▲ 서귀포 이중섭 거리
(   )   (   )

8종 공통

13 지역을 대표하는 것을 조사하는 방법으로 알맞지 <u>않은</u> 것은 어느 것입니까? (   )

① 시청 누리집을 방문한다.
② 관광 안내 자료를 살펴본다.
③ 직접 관련 장소에 가서 조사한다.
④ 친구들과 모여 자유롭게 상상해 본다.
⑤ 지역에 대해 잘 알고 계신 분에게 여쭈어본다.

아이스크림, 지학사 외

14 다음 글을 읽고 알 수 있는 점을 알맞게 말한 친구를 골라 이름을 쓰시오.

전주 세계 소리 축제는 우리나라는 물론 세계 여러 나라의 전통 음악을 알리고 지켜나가기 위해 여는 축제입니다. 전주 지역은 예부터 소리, 특히 판소리가 발달한 지역으로 알려져 있습니다.

▲ 지연   ▲ 동현

(   )

8종 공통

15 지역을 알리는 노력에 대한 설명으로 알맞지 <u>않은</u> 것은 어느 것입니까? (   )

① 지역을 알리는 상징 마크를 만든다.
② 생산물을 활용한 상품을 만들어 판매한다.
③ 지역 주민들만 참여할 수 있는 축제를 연다.
④ 역사와 문화를 보존하고 전시하는 박물관을 만든다.
⑤ 지역의 주요 관광지를 둘러보는 관광 상품을 만든다.

수행 평가

| 16~17 | 다음 사진을 보고, 물음에 답하시오.

▲ 보성 녹차

▲ 제주 감귤

지학사, 천재교과서(박) 외

16 위 사진과 공통적으로 관련 있는 지역의 특성은 무엇인지 쓰시오.

(   )

서술형 지학사, 천재교과서(박) 외

17 위와 같은 지역의 특성을 알리는 것이 중요한 까닭을 두 가지 쓰시오.

____

____

____

비상교육, 아이스크림 외

18 다음 ( ) 안에 들어갈 알맞은 말을 골라 ○표 하시오.

> (축제 , 상징물)은/는 지역을 알리는 대표적인 방법 중 하나로, 사람들이 직접 방문해 그 지역의 자연환경과 역사, 문화 등을 체험하는 것입니다.

| 19~20 | 다음 자료를 보고, 물음에 답하시오.

> 지역에서는 생산물을 알리려고 생산물을 활용한 상징물을 만들기도 합니다. 금산군은 지역의 대표 생산물인 ( )을/를 지역의 상징 마크로 표현합니다.

📖 8종 공통

19 윗글의 ( ) 안에 들어갈 알맞은 생산물을 쓰시오.

(   )

2
단원
9회

서술형 📖 8종 공통

20 위 자료와 같이 지역에서 상징물을 만드는 까닭을 쓰시오.

____

____

학습 결과에 색칠하세요.   

3 다양한 환경과 삶의 모습

1 지역의 다양한 환경과 변화

2 도시의 특징과 생활 모습

● 이번에 배울 내용

자연환경

산, 들, 바다, 비, 눈과 같이 자연 그대로 생겨난 환경

인문환경

논, 밭, 건물, 도로, 다리와 같이 사람들이 만든 환경

도시

사람이 많이 모여 살면서 정치, 경제, 사회, 문화 활동의 중심이 되는 곳

문화 시설

영화관, 도서관, 박물관과 같이 문화를 누리고 발달시키는 데 필요한 시설

자연환경과 인문환경

➕ **여러 가지 자연환경**

▲ 들

▲ 하천

➕ **여러 가지 인문환경**

▲ 다리

▲ 공장

1 우리 지역의 환경

(1) 환경의 의미

① 우리를 둘러싸고 있는 모든 것을 말합니다.

② 환경은 크게 자연환경과 인문환경으로 구분할 수 있습니다.

(2) 자연환경

① 자연환경은 자연 그대로 생겨난 환경을 말합니다.

② 산, 들, *하천, 바다와 같은 땅의 생김새를 이루는 것과 비, 눈, 바람, *기온 등의 날씨에 영향을 주는 것이 자연환경에 속합니다. ➕

땅의 생김새를 이루는 것	날씨에 영향을 주는 것
 ▲ 산	 ▲ 비
 ▲ 바다	 ▲ 눈

(3) 인문환경

① 인문환경은 사람들이 만든 환경을 말합니다.

② 논, 밭, 항구, 건물, 도로, 다리 등이 인문환경에 속합니다. ➕

③ 사람들은 생활에 필요하거나 생활을 편리하게 해 주는 여러 가지 인문환경을 만듭니다.

▲ 논 → 논이나 밭도 사람이 만든 것이므로 인문환경에 속해요.

▲ 항구

▲ 건물

▲ 도로

용어 사전

★ **하천**　강과 시내를 아울러 이르는 말.

★ **기온**　공기의 온도.

2 우리 지역의 자연환경과 인문환경

(1) 지역에서 볼 수 있는 자연환경과 인문환경 ➕

① 자연환경과 인문환경의 모습은 지역마다 다양하게 나타납니다.

② 지역마다 자연환경이 달라서 인문환경도 다르게 나타납니다.

③ 자연환경이 비슷하더라도 지역마다 인문환경이 다를 수 있습니다.

④ 지역마다 자연환경과 인문환경이 달라서 사람들이 하는 일도 다릅니다.

(2) 우리 지역의 자연환경과 인문환경 살펴보기

자연환경	• 바람이 시원하게 부는 숲이 있음. • 맑은 하천이 흐르고, 푸르른 산이 있음.
인문환경	• 사람들이 사는 아파트가 많이 있음. • 하천에 다리가 있고, 하천 주변에는 논과 밭이 있음.

교과서 대표 자료　　**우리 지역의 환경을 조사하는 방법**

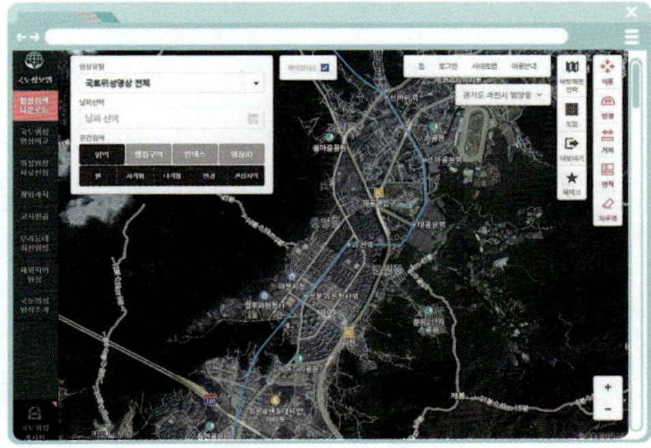

우리 지역의 디지털 영상 지도나 안내 책자를 살펴보거나, 지역의 누리집을 방문해 자연환경과 인문환경의 모습을 살펴볼 수 있습니다.

➕ **자연환경과 인문환경을 구분하는 기준 ㉐ 들**

• 들이 사람이 개발하지 않은 상태의 평평하고 넓게 트인 땅이라면 자연환경에 속합니다.

• 논과 밭, 과수원 등과 같이 사람이 개발한 농경지를 의미한다면 인문환경에 속합니다.

용어 사전

★ **과수원** 과실 나무를 많이 심어 가꾸는 밭.

★ **농경지** 농사를 짓는 땅.

핵심만 한번 더 쓰면서 **정리 !**

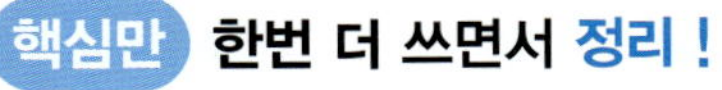

환경

자연환경

• 자연 그 대 로 생겨난 환경을 말함.

• 산, 들, 하천, 바다와 같은 땅 의 생 김 새 를 이루는 것과

비, 눈, 바람, 기온 등의 날 씨 에 영향을 주는 것이 속함.

인문환경

• 사람들이 만 든 환경을 말함.

• 논, 밭, 항구, 건물, 도로, 다리 등이 속함.

핵심 체크

1 ( )은/는 우리를 둘러싸고 있는 모든 것을 말합니다.

2 환경 중에서 사람이 만들지 않은 자연 그대로 생겨난 것을 (자연환경 , 인문환경) 이라고 합니다.

3 ( )은/는 사람들이 만들어 낸 환경을 말합니다.

4 (눈 , 도로)은/는 자연환경에 속합니다.

📕 8종 공통

5 다음에서 설명하는 것은 무엇인지 쓰시오.

> • 우리를 둘러싸고 있는 모든 것을 말합니다.
> • 크게 자연환경과 인문환경으로 구분할 수 있습니다.

( )

📕 8종 공통

6 다음 중 자연환경을 골라 ◯표 하시오.

(1) (2)

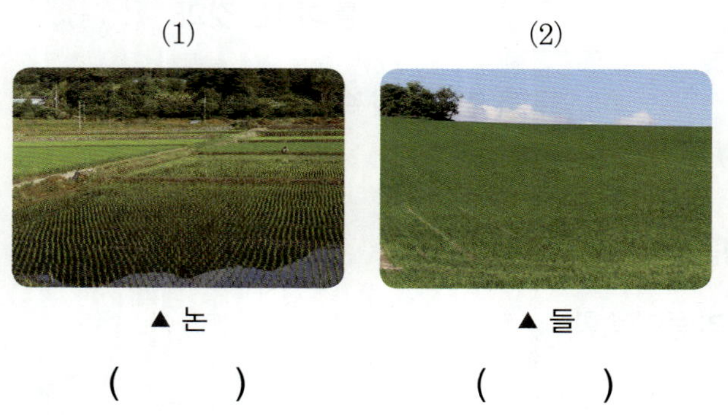

▲ 논　　　　▲ 들

( )　　　　( )

아이스크림, YBM 외

7 다음 (보기)를 자연환경과 인문환경으로 구분하여 기호를 쓰시오.

> (보기)
> ㉠ 비　　　　㉡ 다리
> ㉢ 하천　　　　㉣ 과수원

(1) 자연환경: ( )
(2) 인문환경: ( )

📕 8종 공통

8 다음에서 설명하는 것은 무엇인지 쓰시오.

> • 자연환경에 속합니다.
> • 날씨에 영향을 줍니다.
> • 공기의 온도를 말합니다.

( )

| 9~10 | 다음 사진을 보고, 물음에 답하시오.

(가)

▲ 바다

(나)

▲ 항구

📖 8종 공통

9 위 사진 중 자연환경에 해당하는 것을 골라 기호를
쓰시오.

( )

서술형 📖 8종 공통

10 위 **9**번의 답을 자연환경이라고 생각한 까닭을 쓰
시오.

____

____

도움말 자연환경의 의미를 떠올려 보세요.

📖 8종 공통

11 인문환경에 대한 설명으로 알맞은 것에 ○표, 알맞
지 않은 것에 ×표 하시오.

(1) 사람들은 필요에 따라 인문환경을 만들어 내기
도 합니다. ( )

(2) 우리 주변을 둘러싸고 있는 자연 그대로의 것
을 인문환경이라고 합니다. ( )

디지털 문해력 미래엔, 비상교육 외

12 하나의 앨범에서 소개한 장소 중 나머지 셋과 다른
환경은 어느 것입니까? ( )

📖 8종 공통

13 과수원에 대해 알맞게 말한 친구를 골라 이름을 쓰
시오.

( )

학습 결과에 색칠하세요.   

C 개념 학습 **2**회

산이 많은 지역의 특징과 변화

➕ 계단식 논

산이 많은 지역에서는 계단식 논을 볼 수 있습니다. 산이 많은 곳은 농사지을 장소가 충분하지 않기 때문에 경사진 곳을 계단처럼 만들어 농사를 짓습니다.

➕ 고랭지 밭

높은 산지에서 여름철 서늘한 기후를 이용해 농사를 짓기도 합니다. 고랭지 밭에서는 주로 배추나 무 등을 재배합니다.

용어 사전

* **삼림욕장** 숲속에서 상쾌한 공기를 마시며 머무를 수 있는 환경과 시설을 갖춘 곳.
* **댐** 강이나 바닷물을 막아 두려고 쌓은 둑.

1 산이 많은 지역의 특징

(1) 산이 많은 지역에서 볼 수 있는 모습 ➕

① 산이나 숲, 계곡 등이 있습니다.
② 스키장이나 썰매장, *삼림욕장 등을 볼 수 있습니다.
③ 바람을 이용하여 전기를 만드는 풍력 발전기가 있습니다.
④ 물을 저장하거나 전기를 만들어 내는 *댐을 볼 수 있습니다.

▲ 삼림욕장

▲ 댐

(2) 산이 많은 지역 사람들이 하는 일

① 산비탈에 밭을 만들어 농사를 짓습니다. ➕
② 목장에서 소나 양을 길러 고기와 우유를 얻습니다.
③ 산에서 나무를 얻고 버섯을 기르며 약초를 캡니다.
④ 스키장 주변에서 식당이나 숙박 시설을 운영합니다.
  └ 스키장 주변에는 휴양지, 스키를 빌려주는 곳, 옷가게 등 스키장과 관련한 다양한 시설이 있어요.

2 산이 많은 지역의 모습

  높은 산이 많은 평창군

▲ *풍력 발전기

▲ 썰매장

평창군은 높은 산이 많은 지역입니다. 산꼭대기에 바람이 많이 부는 지역에는 풍력 발전기가 있습니다. 평창군은 겨울에 눈이 많이 내려 썰매나 스키를 즐기려고 사람들이 찾는 곳입니다.

3 산이 많은 지역의 변화 ➕

① 옛날에는 산비탈에 밭농사를 짓거나 *탄광에서 석탄을 캐기도 했습니다.

② 오늘날에는 석탄 생산량이 줄어들고 탄광이 문을 닫으면서 대신 케이블카가 들어오기도 합니다. 또 산을 깎아서 스키장을 만들기도 합니다.

옛날의 모습

오늘날의 모습

평창군에서는 눈이 많이 오는 계절인 겨울에 눈꽃 축제가 열리기도 해요.

➕ 대관령 목장

산이 많은 지역의 목장은 소나 양을 길러 고기와 우유를 얻을 뿐만 아니라 관광객들이 올 수 있는 장소로 바뀌었습니다.

★ **풍력 발전기** 바람으로 풍차를 회전하여 전기를 일으키는 발전기.

★ **탄광** 석탄을 캐내는 광산.

  한번 더 쓰면서 정리 !

산이 많은 지역

특징
- 산이나 숲, 계곡 등이 있음.
- 스 키 장 이나 썰매장, 삼림욕장 등을 볼 수 있음.
- 산에서 나무를 얻고, 버섯을 기르고 약 초 를 캠.

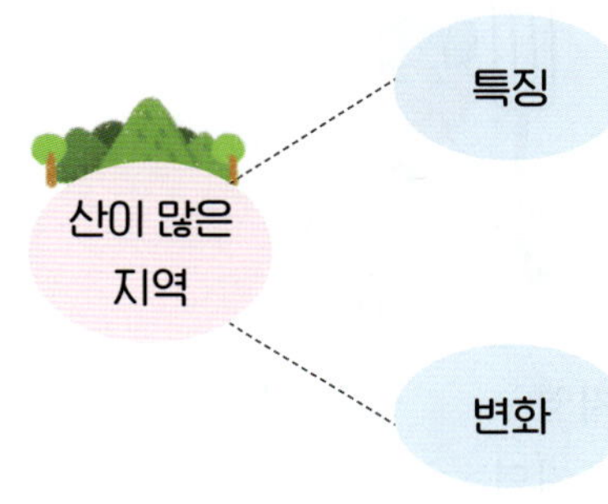

변화
- 광 산 이 문을 닫고 대신 케이블카가 들어오기도 함.
- 산을 깎아서 스키장을 만들기도 함.

핵심 체크

1 산에는 바람으로 풍차를 회전하여 전기를 만드는 (   )이/가 있습니다.

2 산이 많은 지역에서 경사진 곳에 계단처럼 만든 논을 (   )(이)라고 합니다.

3 산이 많은 지역의 사람들은 (   )에서 소나 양을 기르기도 합니다.

4 옛날에 산이 많은 지역에서는 산비탈에 밭농사를 짓거나 (   )에서 석탄을 캐기도 했습니다.

📖 8종 공통

5 산이 많은 지역에서 볼 수 있는 모습으로 알맞은 것은 어느 것입니까? (   )

① 갯벌　　　　　② 등대
③ 염전　　　　　④ 삼림욕장
⑤ 해수욕장

📖 8종 공통

6 산을 이용하는 모습을 알맞게 말한 친구를 골라 이름을 쓰시오.

(   )

📖 8종 공통

7 산이 많은 지역에 사는 사람들의 생활 모습으로 알맞지 <u>않은</u> 것은 어느 것입니까? (   )

① 버섯을 기른다.
② 산에서 나무를 얻는다.
③ 양식장에서 김을 기른다.
④ 스키장 주변에서 식당을 운영한다.
⑤ 바람을 이용하여 전기를 만들어 사용한다.

📖 8종 공통

8 사람들이 다음과 같은 일을 하는 지역은 어디입니까? (   )

① 산이 많은 지역　　② 바다가 있는 지역
③ 사막이 있는 지역　　④ 도시가 발달한 지역
⑤ 논과 밭이 있는 지역

9 아이스크림, YBM 외

오른쪽 사진과 같이 산이 많은 지역에서 볼 수 있는 것의 이름과 하는 일을 쓰시오.

___

도움말 사진은 무엇의 모습인지 떠올려 보세요.

| 10~11 | 다음 그림을 보고, 물음에 답하시오.

📖 8종 공통

10 위 그림에 나타난 지역에서 볼 수 있는 인문환경은 어느 것입니까? (　　　)

① 등대　　　　② 염전
③ 목장　　　　④ 항구
⑤ 비닐하우스

📖 8종 공통

11 위 그림에 나타난 지역 사람들이 주로 하는 일로 알맞은 것을 골라 기호를 쓰시오.

(보기)
㉠ 공장에서 물건을 만든다.
㉡ 물고기를 잡는 일을 한다.
㉢ 목장에서 소를 길러 우유를 얻는다.
㉣ 바닷물을 이용하여 소금을 얻는다.

(　　　　　　　)

비상교육, 천재교과서(김) 외

12 다음 (　　　) 안에 공통으로 들어갈 말을 쓰시오.

(　　　　)은/는 높은 산지에서 여름철 서늘한 기후를 이용해 농사를 짓는 밭을 말합니다. (　　　)에서는 주로 배추나 무를 재배합니다.

(　　　　　　　　　)

 📖 8종 공통

13 다음 블로그 글을 읽고, 알맞게 댓글을 쓴 친구를 골라 이름을 쓰시오.

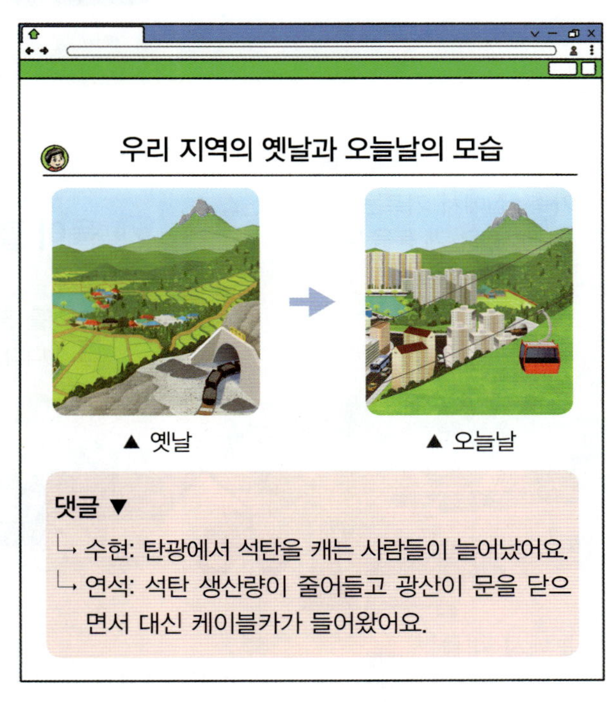

(　　　　　　　)

학습 결과에 색칠하세요.   

개념 학습 **3**회

들이 펼쳐진 지역의 특징과 변화

➕ **들이 펼쳐진 지역의 모습**

- 채소나 과일을 재배하는 밭과 과수원, 비닐하우스 등이 있습니다.
- 농업 기술을 연구하는 연구소도 있습니다.

➕ **하천 주변의 모습**

들이 펼쳐진 지역에서는 하천 주변에 공원을 만들기도 합니다. 사람들은 공원에서 산책을 하거나 여가를 즐깁니다.

용어 사전

- ✻ **축사** 가축을 기르는 건물.
- ✻ **가축** 집에서 기르는 짐승으로, 소, 말, 돼지, 닭, 개 등을 말함.

1 들이 펼쳐진 지역의 특징

(1) 들이 펼쳐진 지역에서 볼 수 있는 모습 ➕

① 넓게 펼쳐진 평야와 논밭을 볼 수 있습니다.
② 하천이나 낮은 산이 있습니다.
③ 도시가 발달해 사람들이 모여 삽니다.
④ 회사와 공장, 아파트 등을 볼 수 있습니다.

(2) 들이 펼쳐진 지역 사람들이 하는 일 ➕

① 논이나 밭에서 농사를 짓습니다.
② 비닐하우스에서 곡식이나 채소를 재배합니다.
③ ✻축사에서 소나 돼지와 같은 ✻가축을 기릅니다.
④ 회사나 공장에서 일합니다.

▲ 논

▲ 비닐하우스

2 들이 펼쳐진 지역의 모습

▲ 논과 밭이 있는 지역   ▲ 도시가 발달한 지역

교과서 대표 자료　넓은 평야가 펼쳐진 나주시

▲ 나주평야

▲ 영산강

　나주시에는 넓은 평야가 펼쳐져 있고, 평야에서는 논이나 밭을 볼 수 있습니다. 또 농사에 필요한 물을 저장해 놓기 위해 만든 인공 호수인 나주호가 있고, 큰 하천인 영산강이 흐릅니다. 나주시에는 한국전력공사와 같은 공공기관이 모여 있는 *혁신 도시가 있습니다.

나주시는 땅이 평평하고 넓게 펼쳐져 있기 때문에 논과 밭이 많아요.

3 들이 펼쳐진 지역의 변화

① 옛날에는 주로 *벼농사를 짓거나 밭에서 채소를 재배하며 살았습니다.
② 오늘날에는 사람들이 많이 모여 살면서 회사, 공장, 아파트 등이 생겨났습니다. 대형 할인점이나 박물관 등의 시설이 들어서기도 합니다. ➕

➕ 들이 있는 지역의 변화 모습
• 인구가 늘어나기도 합니다.
• 옛날보다 도로가 복잡해졌습니다.
• 옛날에는 없던 아파트나 공공 기관이 들어섭니다.

옛날의 모습

오늘날의 모습

용어 사전

★ 혁신 도시　국가를 균형있게 발전하기 위하여 지방에 새롭게 조성하는 도시.
★ 벼농사　벼를 심어 가꾸고 거두는 일.

핵심만 한번 더 쓰면서 정리 !

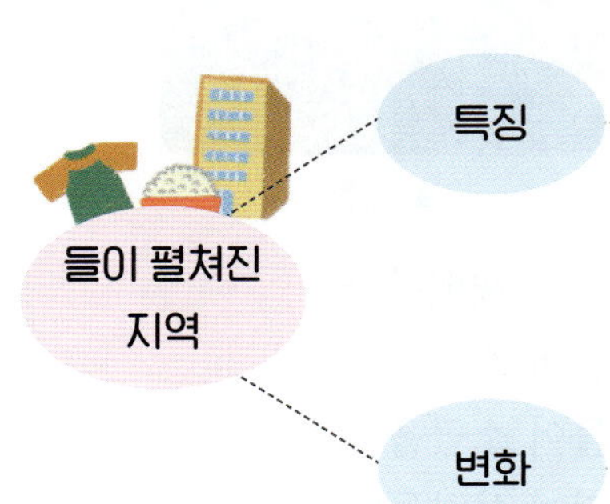

들이 펼쳐진 지역

특징
• 넓은 [평][야]와 논밭을 볼 수 있음.
• 강이나 하천, 낮은 산 등이 있음.
• 논밭에서 농사를 짓거나 축사에서 가축을 기름.
• [도][시]에 많은 사람이 모여 살면서 회사나 공장에서 일함.

변화
• 사람들이 많이 모여 살면서 회사, 공장, 아파트 등이 생겨남.
• 대형 할인점이나 박물관 등의 시설이 들어섬.

핵심 체크

1 들이 펼쳐진 지역에는 (도시 , 탄광)이/가 발달해 사람들이 모여 삽니다.

2 (바다가 있는 , 들이 펼쳐진) 지역에 사는 사람들은 소나 돼지와 같은 가축을 기릅니다.

3 들이 펼쳐진 지역에서는 논이나 밭에서 (   )을/를 짓습니다.

4 들이 펼쳐진 지역에서는 (항구 , 비닐하우스)에서 채소와 과일을 재배합니다.

8종 공통

5 들이 펼쳐진 지역에서 볼 수 있는 모습으로 알맞은 것은 어느 것입니까? (   )

① 바다가 있다.
② 산비탈이 있다.
③ 모래사장이 있다.
④ 울창한 숲이 있다.
⑤ 평야와 논밭이 있다.

비상교육, 아이스크림 외

6 들이 펼쳐진 지역에서 볼 수 있는 모습으로 알맞은 것을 골라 ○표 하시오.

(1)

▲ 풍력 발전기

(   )

(2)

▲ 비닐하우스

(   )

8종 공통

7 들이 펼쳐진 지역에서 볼 수 있는 것으로 알맞지 <u>않은</u> 것을 (보기)에서 골라 기호를 쓰시오.

(보기)
㉠ 하천   ㉡ 축사
㉢ 스키장   ㉣ 아파트

(   )

8종 공통

8 다음 사진과 같은 자연환경을 이용하는 모습으로 알맞은 것은 어느 것입니까? (   )

▲ 하천

① 밭에서 채소를 재배한다.
② 목장을 만들어 소를 키운다.
③ 염전을 만들어 소금을 얻는다.
④ 아파트를 지어 사람들이 생활한다.
⑤ 하천 주변에 공원을 만들어 이용한다.

9 들이 펼쳐진 지역 사람의 모습으로 알맞은 것을 골라 ○표 하시오.

(1)   (2)

(   )   (   )

10 논과 밭이 있는 지역의 사람들이 하는 일이 <u>아닌</u> 것은 어느 것입니까? (   )

① 과일을 재배한다.
② 채소를 재배한다.
③ 농기계를 팔거나 고친다.
④ 염전에서 소금을 얻는다.
⑤ 농업 기술을 연구하는 연구소에서 일한다.

11 지역 사람들이 들을 이용하는 모습을 쓰시오.

____

도움말 들이 펼쳐진 지역에서는 사람들이 들을 어떻게 이용하는지 떠올려 보세요.

---

12 다음 현우의 게시물을 보고, 현우가 사는 지역의 이름을 쓰시오.

(   )

13 들이 펼쳐진 지역의 오늘날의 모습을 골라 ○표 하시오.

(1)   (2)

(   )   (   )

학습 결과에 색칠하세요.

개념 학습

바다가 있는 지역의 특징과 변화

➕ 항구가 있는 바다

항구에는 방파제나 등대, 수산물 직판장, 건조장 등이 있습니다.

1 바다가 있는 지역의 특징

(1) 바다가 있는 지역에서 볼 수 있는 모습

① 배와 항구가 있습니다. ➕

② 바닷길을 안내하는 등대가 있습니다.

③ 갯벌이나 *모래사장이 있고, 해수욕장이 발달했습니다. → 여름에 많은 사람이 해수욕장에 방문해 물놀이를 해요.

④ 미역, 다시마, 전복 등을 기르는 *양식장이 있습니다.

▲ 해수욕장

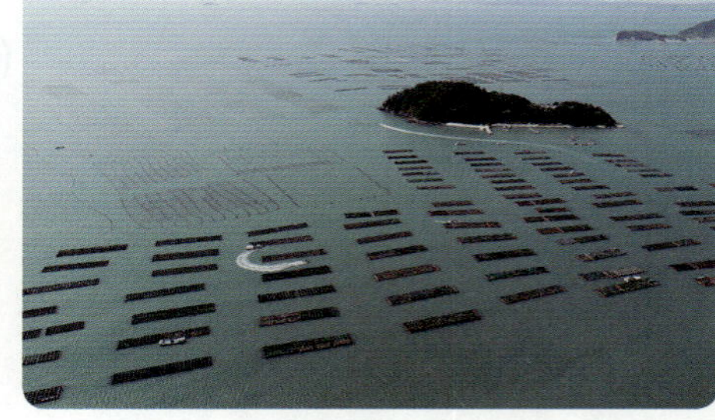

▲ 양식장

(2) 바다가 있는 지역 사람들이 하는 일

① 갯벌에서 조개나 낙지 등의 해산물을 잡습니다.

② 물고기를 잡거나 양식장을 만들어 김, 미역 등을 기릅니다.

③ 항구나 해수욕장 근처에서 식당이나 숙박 시설을 운영합니다.

④ 수산물 *직판장에서 생선을 사고팔거나, 물고기를 잡는 기구를 팔거나 수리합니다.

용어 사전

* **모래사장** 바닷가에 있는 넓고 큰 모래벌판.

* **양식장** 사람의 힘을 이용해 물고기나 김 등을 기르는 곳.

* **직판장** 중간 유통 과정 없이 생산자가 소비자에게 직접 판매하는 장소.

* **염전** 소금을 만들기 위하여 바닷물을 끌어 들여 논처럼 만든 곳.

2 바다가 있는 지역의 모습

교과서 대표 자료 바다가 있는 완도군

▲ 섬

▲ 염전

완도군은 바다가 있고, 크고 작은 섬이 많은 지역입니다. 양식장과 항구를 볼 수 있고, 바닷물을 모아서 막아 놓고 햇볕에 말려 소금을 얻는 염전도 볼 수 있습니다.

3 바다가 있는 지역의 변화

① 옛날에는 주로 바다 가까이에서 고기잡이를 하거나 농사를 지으며 살았습니다.

② 오늘날에는 이 지역에 여러 공장이 들어서면서 *공업이 발달하고 *산업 단지가 들어서기도 합니다. ✚

옛날의 모습

오늘날의 모습

완도군은 우리나라의 남쪽에 있는 지역으로, 섬이 많고 날씨가 따뜻한 편이에요.

✚ 바다가 있는 지역에 공업이 발달하는 까닭

바다가 있는 지역에서는 배를 이용해 *원료와 제품을 실어 나를 수 있기 때문에 공업이 발달하기도 합니다.

용어 사전

★ **공업** 원료를 가공하여 유용한 물자를 만드는 산업.

★ **산업 단지** 산업 시설과 그 지원 시설을 집단적으로 설치하기 위하여 계획적으로 개발한 일정한 구역.

★ **원료** 어떤 물건을 만드는 데 들어가는 재료.

핵심만 한번 더 쓰면서 정리 !

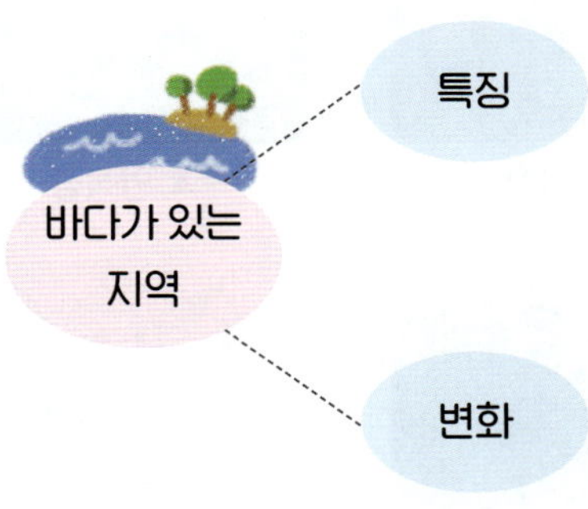

바다가 있는 지역

특징
• 갯벌 이나 모래사장이 있고, 해수욕장이 발달함.
• 물고기를 잡거나 양식장을 만들어 김, 미역 등을 기름.
• 항구 나 해수욕장 근처에서 식당이나 숙박 시설을 운영함.

변화
• 옛날에는 고기를 잡거나 농사를 지으며 살았음.
• 공업이 발달하고 산업 단지 가 들어서기도 함.

핵심 체크

1 바다가 있는 지역에는 바닷길을 안내하는 (   )이/가 있습니다.

2 바닷가에 사는 사람들은 수산물 (   )에서 생선을 사고팝니다.

3 바다가 있는 지역 사람들은 갯벌에서 조개나 낙지 등의 (가축 , 해산물)을 잡습니다.

4 바다가 있는 지역에서 바닷물을 모아서 막아 놓고 햇볕에 말려 소금을 얻는 곳인 (   )을/를 볼 수 있습니다.

📖 8종 공통

5 바다가 있는 지역에서 볼 수 있는 것으로 알맞지 <u>않은</u> 것을 (보기)에서 골라 기호를 쓰시오.

（보기）
ㄱ 염전　　　　　ㄴ 스키장
ㄷ 양식장　　　　ㄹ 수산물 직판장

(　　　　　　)

📖 8종 공통

6 바다가 있는 지역 사람들이 환경을 이용하는 모습으로 알맞은 것은 어느 것입니까? (   )

① 목장을 운영한다.
② 스키장에서 여가 활동을 한다.
③ 경사진 밭에서 작물을 재배한다.
④ 들을 논으로 만들어 농사를 짓는다.
⑤ 해수욕장 근처에서 식당을 운영한다.

📖 8종 공통

7 다음 (   ) 안에 공통으로 들어갈 말을 쓰시오.

　　(   )이/가 있는 지역에 사는 사람들은 주로 배를 타고 (   )에 나가 물고기를 잡거나 김, 미역 등을 기르는 일을 합니다.

(　　　　　　　　　)

📖 8종 공통

8 바다가 있는 지역에서 볼 수 있는 모습으로 알맞지 <u>않은</u> 것은 어느 것입니까? (   )

① 
▲ 해수욕장

② 
▲ 양식장

③ 
▲ 고랭지 밭

④ 
▲ 갯벌

3
단원
4회

9 바다가 있는 지역 사람들이 하는 일로 알맞은 것에 ○표, 알맞지 <u>않은</u> 것에 ×표 하시오.

(1) 갯벌에서 해산물을 잡습니다. (　　　)

(2) 스키장 주변에서 식당을 운영합니다. (　　　)

(3) 물고기를 잡는 기구를 팔거나 수리합니다. (　　　)

10 다음 사진의 환경을 사람들이 이용하는 모습을 쓰시오.

▲ 염전

____

____

도움말 사람들이 사진의 장소에서 무엇을 하는지 생각해 보세요.

11 다음 (　　) 안에 들어갈 알맞은 말을 골라 ○표 하시오.

> 완도군은 바다가 있고, 크고 작은 섬이 많은 지역입니다. 김이나 미역 등을 기르는 양식장이 있고, 배가 드나드는 (갯벌 , 항구)이/가 있습니다.

12 다음 블로그 글의 제목으로 알맞은 것을 골라 ○표 하시오.

> 저희 아버지는 배를 타고 나가 물고기를 잡는 일을 하십니다. 어머니는 아버지가 잡아 오신 물고기를 손질해서 파는 직판장을 운영하십니다. 저희 옆집에 사시는 해녀 아주머니가 잡아 오신 전복과 멍게도 직판장에서 판매합니다.

(1) 도시가 발달한 지역의 문제점 (　　　)

(2) 바다가 있는 지역 사람들이 하는 일 (　　　)

13 다음 (　　) 안에 공통으로 들어갈 말을 쓰시오.

> • 오늘날 바다가 있는 지역에 여러 공장이 들어서면서 (　　　　)이/가 발달하고 산업 단지가 들어서기도 합니다.
> • (　　　　)은/는 원료를 가공하여 유용한 물자를 만드는 산업을 말합니다.

(　　　　　　　)

학습 결과에 색칠하세요.   

 개념 학습

5회

환경 개발에 따른 지역 변화와 바람직한 방향

➕ 김포 신도시

김포는 넓은 평야가 있어 예전부터 벼 농사가 발달했습니다. 서울에 인구가 많아지면서 사람들이 살 곳을 마련하려고 서울과 가까운 김포에 신도시를 건설했습니다.

➕ 스키장 개발에 따른 영향

긍정적 영향	스키장에서 여가 생활을 즐김.
부정적 영향	산을 깎아 스키장을 만들기 때문에 산림이 훼손됨.

🟧 용어 사전

★ **풍요** 흠뻑 많아서 넉넉함이 있음.

★ **매연** 연료가 탈 때 나오는 그을음이 섞인 연기.

★ **신도시** 특정한 목적으로 계획하여 만든 도시.

1 환경의 이용과 개발 모습

(1) 환경을 이용하고 개발하는 모습

① 사람들은 환경을 이용하고 개발하며 살아갑니다. ➕

② 과거에는 산, 들, 바다 등의 자연환경을 이용하며 생활했습니다.

③ 오늘날에는 자연환경보다 인문환경이 사람들의 생활에 미치는 영향이 커지면서 지역의 모습이 바뀌었습니다.

(2) 환경의 이용과 개발에 따른 지역 변화 → 환경을 개발하면 사람들의 생활이 편리해지지만, 피해가 발생하기도 해요.

▲ 여가를 즐기려고 공원이나 해수욕장 등의 시설을 만듭니다.

▲ 빠르고 편리하게 이동하려고 도로나 터널 등을 만듭니다.

2 환경의 이용과 개발로 나타나는 영향 ➕

(1) 긍정적 영향

① 지역의 경제가 성장하고 삶이 풍요로워집니다.

② 교통이 발달하면서 이동 시간이 줄어들고, 교류가 활발해집니다.

③ 여가 생활을 즐기고 생활에 필요한 서비스나 시설을 이용할 수 있습니다.

(2) 부정적 영향

교과서 대표 자료 개발에 따른 영종도의 변화

영종도는 주변에 바다와 갯벌이 있는 작은 섬마을이었습니다. 그러나 이 지역을 *간척하고, 인천국제공항이 들어서면서 영종도의 인구가 많이 늘어났습니다. 이 지역의 사람들은 주로 바다에서 물고기를 잡거나 논밭에서 농사를 지었지만,

▲ 영종도

오늘날에는 공항이나 숙박 시설 등에서 일하는 사람이 많아졌습니다.

영종도가 개발되면서 철도나 아파트 등이 많이 생겨났지만, 갯벌의 면적과 이곳을 찾는 철새의 수는 줄어들었습니다. 또한 영종도 주변 지역에 사는 사람들은 비행기 소음으로 피해를 보기도 합니다.

3 환경 개발의 바람직한 방향

① 개발 과정에서 최대한 자연을 훼손하지 않도록 노력해야 합니다.
② 도로나 댐 건설로 동물들이 사는 곳과 길을 잃기도 합니다. 이를 방지하기 위해 *생태 통로를 만듭니다.
③ 개발로 훼손되거나 오염된 하천을 *생태 하천으로 되살리기도 합니다. ➕

▲ 동물이 다닐 수 있는 생태 통로를 만듭니다.

▲ 하천을 덮고 있던 도로를 없애고 다시 깨끗한 물이 흐르게 만듭니다.

➕ 울산 태화강의 변화

1960년대 울산 태화강 주변에 산업 단지가 건설되었습니다. 많은 공장이 생기고 인구가 늘어나면서 태화강이 오염되었습니다. 울산시는 물을 깨끗하게 하는 시설을 세우고, 시민들과 환경 단체는 강 주변을 청소하는 등의 노력을 했습니다.

그 결과 태화강의 물이 다시 깨끗해졌고, 지금도 아름다운 모습으로 사람들에게 인정받고 있습니다.

3 단원 5회

용어 사전

★ **간척** 바다나 호수를 흙이나 콘크리트로 막고 그 안의 물을 빼내어 육지로 만드는 일.

★ **생태 통로** 야생 동물들이 자유롭게 이동할 수 있도록 도로 위로 산과 연결하여 다리를 놓거나 도로 아래로 굴을 파서 마련해 놓은 통로.

★ **생태 하천** 현지의 하천 생물의 다양성이 잘 보존되어 있는 하천.

핵심만 한번 더 쓰면서 정리 !

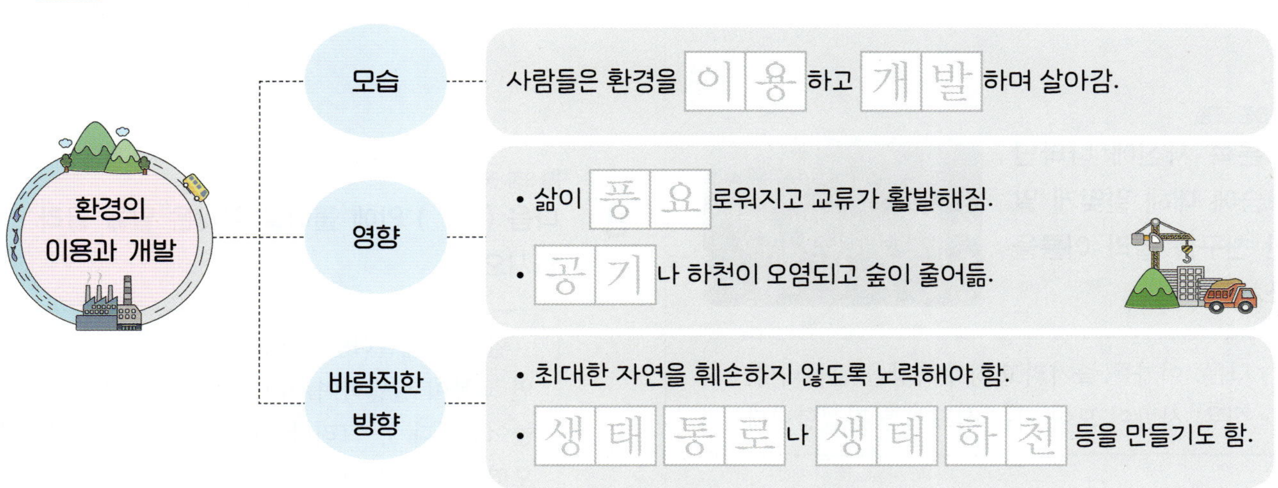

핵심 체크

1 과거에는 산, 들, 바다 등의 (인문환경 , 자연환경)을 이용하며 생활했습니다.

2 교통 발달에 따라 교류가 활발해지는 것은 환경 개발의 (긍정적 , 부정적) 영향입니다.

3 자동차나 공장에서 나오는 (   )(으)로 공기가 오염되고 있습니다.

4 간척으로 갯벌의 면적이 (늘어나면서 , 줄어들면서) 여러 변화가 나타나기도 합니다.

■ 8종 공통

5 환경 개발에 대한 설명으로 알맞은 것에 ○표, 알맞지 <u>않은</u> 것에 ✕표 하시오.

(1) 사람들은 환경을 이용하고 개발하며 살아갑니다.

(   )

(2) 오늘날에는 인문환경보다 자연환경이 사람들의 생활에 미치는 영향이 커지면서 지역의 모습이 바뀌었습니다.

(   )

■ 8종 공통

6 오른쪽 사진에 나타난 모습에 대해 알맞게 말한 친구를 골라 이름을 쓰시오.

- 다은: 여가를 즐기려고 해수욕장을 만듭니다.
- 진우: 사람이 모여 사는 신도시를 건설합니다.

(   )

■ 8종 공통

7 환경의 이용과 개발에 따른 긍정적 영향으로 알맞지 <u>않은</u> 것은 어느 것입니까? (   )

① 삶이 풍요로워진다.
② 지역의 경제가 성장한다.
③ 다른 지역으로 빠르게 이동할 수 있다.
④ 환경이 훼손되어 동물이 살 곳을 잃는다.
⑤ 생활에 필요한 서비스나 시설을 이용할 수 있다.

■ 8종 공통

8 다음 (   ) 안에 들어갈 알맞은 말을 골라 ○표 하시오.

> 환경을 개발하여 도로나 터널 등을 새로 만들면 교통이 발달하여 이동 시간이 (줄어듭니다 , 늘어납니다). 그러나 자동차 매연으로 공기가 오염되기도 합니다.

9 환경의 이용과 개발에 따른 부정적 영향을 (보기)에서 모두 골라 기호를 쓰시오.

(보기)
ㄱ 여가를 즐길 수 있는 시설이 생긴다.
ㄴ 공장에서 나오는 매연으로 공기가 오염된다.
ㄷ 아파트가 많아져 사람들이 살 곳이 많아진다.
ㄹ 개발하면서 생겨난 쓰레기가 땅과 하천을 오염시킨다.

(   )

10 다음 글을 읽고, ㄱ~ㄷ 중 알맞지 <u>않은</u> 것을 골라 기호를 쓰시오.

영종도는 주변에 바다와 갯벌이 있는 작은 섬마을이었습니다. 이 지역을 간척하고, 인천국제공항이 들어서면서 ㄱ 영종도의 인구가 많이 늘어났습니다. ㄴ 영종도가 개발되면서 긍정적 변화만 나타났습니다. ㄷ 오늘날에는 공항이나 숙박 시설 등에서 일하는 사람이 많아졌습니다.

(   )

11 다음 사진과 같은 시설을 만드는 까닭을 쓰시오.

▲ 생태 통로

____

____

 생태 통로의 용도를 떠올려 보세요.

12 환경 개발의 바람직한 방향을 알맞게 말한 친구를 골라 ◯표 하시오.

(1)   (2)

(   )   (   )

 비상교육, 천재교과서(박) 외

13 인터넷 신문 기사를 보고 알 수 있는 내용을 알맞게 말한 친구를 골라 이름을 쓰시오.

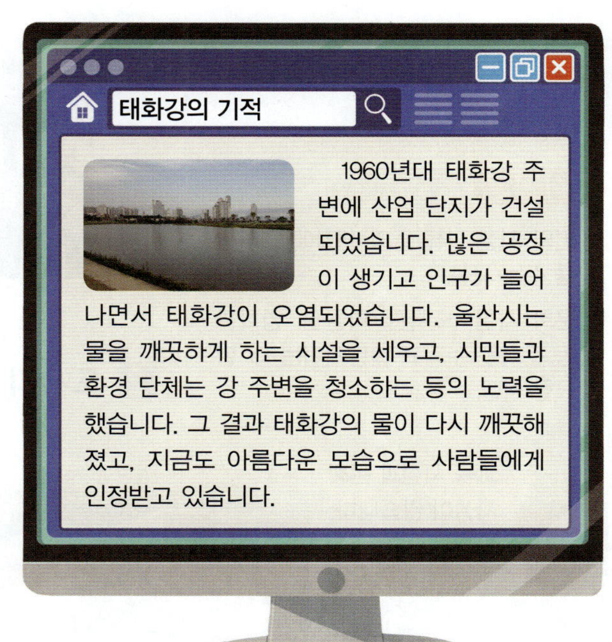

• 하온: 환경을 개발하지 않아야 합니다.
• 소이: 개발로 훼손된 자연을 원래 모습으로 되돌리기도 합니다.

(   )

학습 결과에 색칠하세요. 

개념 학습 **6**회

도시의 의미와 특징

우리나라의 도시

- 우리나라는 1960년대부터 일자리를 찾아 사람들이 도시로 모여들면서 도시의 인구가 많아졌습니다.
- 오래전부터 큰 도시였던 곳도 있고, 계획에 따라 새롭게 도시가 된 곳도 있습니다.

1 도시의 의미와 특징

(1) **도시의 의미**: 사람이 많이 모여 살면서 정치, 경제, 사회, 문화 활동의 중심이 되는 곳입니다. ➕ → 도시는 주로 교통이 발달한 곳이나 일자리가 많은 곳에 발달해요.

(2) **도시의 특징**

① 많은 사람이 모여 살고, 높은 건물이 많습니다.

② 시청, 소방서 등 다양한 공공 기관이 있습니다.

③ 상점, 병원 등의 *편의 시설과 박물관, 공연장 등의 *문화 시설이 많습니다.

④ 크고 작은 도로가 많고, 버스나 지하철과 같은 교통수단이 발달했습니다.

▲ 많은 인구

▲ 높은 건물

▲ 다양한 편의 시설

▲ 편리한 교통

★ **편의 시설** 사람들의 생활에 편리함을 주는 시설.

★ **문화 시설** 도서관, 박물관, 영화관 등 문화를 누리고 발달시키는 데 필요한 시설.

2 도시의 모습

 **교과서 대표 자료** 도시의 특징

좁은 땅을 *효율적으로 이용하려고 높은 건물을 짓습니다.

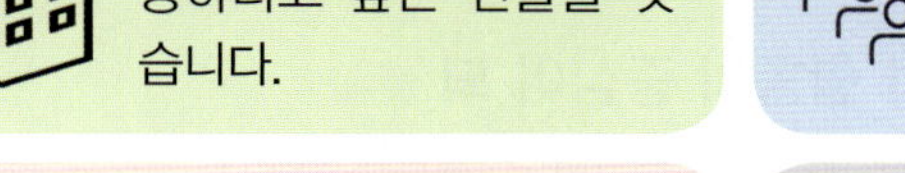 오늘날 우리나라 인구가 10명이라고 하면 9명 정도가 도시에 살고 있습니다.

도시를 중심으로 기차역, 버스 정류장, 공항 등 교통과 관련 있는 시설이 많습니다.

 편리한 교통으로 사람과 물건이 이동하기 쉬워지면서 다양한 산업이 나타납니다.

도시는 면적에 비해 많은 사람이 살고 있고, 산업, 교통, 행정 등이 발달했어요.

3 도시에 사는 사람들의 모습

주로 아파트나 *연립 주택 등의 공동 주택에 거주함.

백화점이나 대형 할인점에서 필요한 물건을 구매함.

회사나 공장 등 다양한 곳에서 다양한 일을 함. 

도서관, 미술관 등의 문화 시설에서 여가 시간을 보냄.

3단원 6회

➕ **도시 사람들의 다양한 직업**
- 공공 기관에서 서비스를 제공합니다.
- 게임 회사에서 게임 개발자로 일합니다.
- 버스나 택시와 같은 교통수단을 운전합니다.
- 마트에서 사람들에게 음식이나 물건을 팝니다.

용어 사전

★ **효율** 들인 노력과 얻은 결과의 비율.

★ **연립 주택** 한 채의 건물 안에 여러 가구가 각각 독립된 주거 생활을 할 수 있도록 지은 공동 주택.

핵심만 한번 더 쓰면서 **정리 !**

의미

사람이 많이 모여 살면서 정치, 경제, 사회, 문화 활동의 〔중〕〔심〕이 되는 곳

도시

특징
- 〔편〕〔의〕 시설과 문화 시설이 많음.
- 크고 작은 도로가 많고, 교통수단이 발달함.

사람들의 모습
- 주로 〔아〕〔파〕〔트〕나 연립 주택에 삶.
- 백화점이나 대형 할인점에서 물건을 구매함.
- 〔회〕〔사〕나 공장에서 다양한 일을 함.
- 문화 시설에서 〔여〕〔가〕〔시〕〔간〕을 보냄.

핵심 체크

1 ( )은/는 사람이 많이 모여 살면서 정치, 경제, 사회, 문화 활동의 중심이 되는 곳입니다.

2 도시에는 시청, 소방서 등 다양한 (교통수단 , 공공 기관)이 있습니다.

3 도시에는 교육 시설과 문화 시설이 (많습니다 , 적습니다).

4 도시는 면적에 비해 (많은 , 적은) 사람이 살고 있습니다.

8종 공통

5 다음 ( ) 안에 들어갈 알맞은 말을 골라 ○표 하시오.

> 도시는 인구가 (많고 , 적고), 교통이 (편리 , 불편)한 곳입니다. 도시마다 모습과 인구수가 다르고, 교통과 산업 등의 발달 모습이 다양합니다.

8종 공통

6 도시에서 볼 수 있는 시설로 알맞지 <u>않은</u> 것은 어느 것입니까? ( )

① 목장 　　　② 박물관
③ 소방서 　　　④ 지하철
⑤ 대형 할인점

8종 공통

7 도시에 대한 설명으로 알맞은 것에 ○표, 알맞지 <u>않은</u> 것에 ×표 하시오.

(1) 크고 작은 도로가 많습니다. ( )
(2) 도서관이나 박물관 등의 문화 시설이 부족합니다.
( )
(3) 좁은 땅을 효율적으로 이용하려고 높은 건물을 짓습니다. ( )

미래엔, 지학사 외

8 도시에서 주로 볼 수 있는 모습으로 알맞은 것을 골라 ○표 하시오.

(1) 　　　　　　　　(2)

▲ 양식장 　　　　　▲ 공연장
( ) 　　　　　( )

디지털 문해력 📖 8종 공통

9 다음은 민규가 사는 도시의 모습을 모아둔 사진첩입니다. 이 사진첩에 <u>잘못</u> 들어간 사진은 몇 장인지 쓰시오.

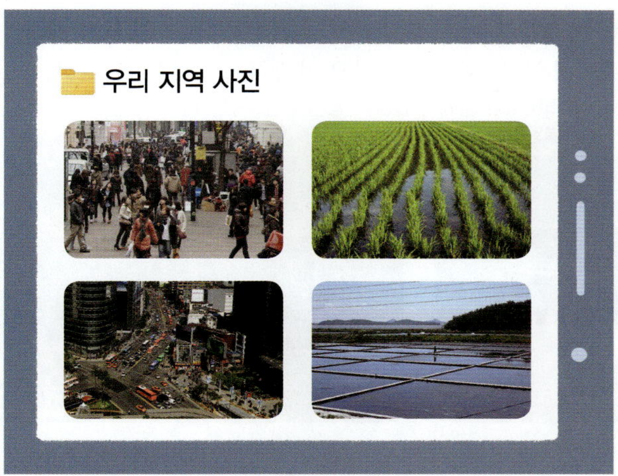

(   )장

서술형 비상교육, 천재교과서(김) 외

10 다음 사진과 관련 있는 도시의 특징을 쓰시오.

____

____

도움말 사진에 나타난 모습이 무엇인지 확인해 보세요.

📖 8종 공통

11 도시의 특징으로 알맞은 것을 〈보기〉에서 모두 골라 기호를 쓰시오.

〈보기〉
㉠ 다양한 시설이 있다.
㉡ 다양한 산업이 나타난다.
㉢ 일자리가 적은 곳에 발달한다.
㉣ 교통 관련 시설이 부족한 편이다.

(   )

천재교과서(박), YBM 외

12 도시에 사는 사람들이 하는 일을 <u>잘못</u> 말한 친구는 누구입니까? (   )

① 윤서: 바다에서 물고기를 잡아.
② 도율: 공공 기관에서 서비스를 제공해.
③ 서호: 사람들에게 음식이나 물건을 팔아.
④ 하린: 회사나 공장 등 다양한 곳에서 일을 해.
⑤ 민아: 버스나 택시와 같은 교통수단을 운전해.

📖 8종 공통

13 도시에 사는 사람들의 생활 모습을 알맞게 말한 친구를 골라 ○표 하시오.

(1)   (2)

(   )   (   )

학습 결과에 색칠하세요.   

개념 학습

7회

우리나라의 여러 도시

➕ 부산광역시

▲ 부산항

큰 항구를 중심으로 발달한 우리나라 제2의 도시입니다. 항구를 중심으로 물류 산업이 발달하였고, 자동차 공업과 조선 공업 등이 발달하였습니다.

➕ 속초시

▲ 설악산

설악산과 동해안을 중심으로 아름다운 자연환경과 관광 산업이 발달하였습니다. 고속 국도와 철도역, 버스 터미널 등이 있어 교통이 편리합니다.

---

1 서울특별시

① 우리나라 *수도로 정치, 경제, 문화 등이 골고루 발달한 도시입니다. ➕
② 회사, 상업 시설, 문화 시설 등이 모여 있으며 공항, 철도, 도로 등 교통 시설도 발달했습니다. ┌ 광화문이나 종묘와 같은 전통을 담은 모습과 오늘날 도시의 모습이 어우러져 있어요.

▲ 광화문　　　　▲ 국회의사당

2 세종특별자치시

① 새롭게 계획해 만든 우리나라 행정의 중심이 되는 도시입니다.
② 정부 세종 청사에 주요 공공 기관이 모여 있고, 도시가 개발되면서 인구가 많이 늘었습니다.
③ 고속 국도와 철도 등이 지나기 때문에 교통이 편리합니다.

▲ 정부 세종 청사　　　　▲ 세종 호수 공원

3 서귀포시

① 독특한 섬 문화와 화산 지형 등을 바탕으로 관광 산업이 발달한 도시입니다. ➕
② 우리나라의 가장 남쪽에 있는 도시로, *세계 자연유산으로 등재된 한라산을 비롯해 특별한 자연환경을 보러 많은 사람이 놀러 갑니다.

▲ 한라산　　　　▲ 성산 일출봉

🟧 용어 사전

✸ **수도** 한 나라의 중앙 정부가 있는 도시.

✸ **세계 자연유산** 유네스코가 인류의 미래를 위해 보호해야 할 가치가 있다고 판단하여 지정하는 자연 지역.

✸ **조선 공업** 배를 만들고 판매하는 산업.

4 울산광역시

① 우리나라의 대표적인 공업 도시입니다.
② 큰 항구를 바탕으로 *석유 화학, 자동차, *선박, 철강과 같은 산업이 발달했습니다. ✚
③ 고속 국도와 철도, 울산항 등 교통이 발달했습니다.

▲ 자동차 공장

▲ 조선소

5 대전광역시

① 우리나라 교통의 중심이 되는 도시입니다.
② 주요 도로와 철도가 지나가는 도시로, 편리한 교통을 갖추고 있습니다.
③ 우수한 과학 연구 기관과 많은 기업이 모여 있어 우리나라의 과학 기술 발전을 이끌어 나가고 있습니다.

▲ 대전역

▲ 한국 항공 우주 연구원

✚ 여수시

▲ 산업 단지

여수시는 정유 공장이 들어서면서 우리나라 최대의 석유 화학 산업 단지로 성장하였습니다.

3 단원
7회

용어 사전

★ **석유 화학** 석유나 천연가스를 원료로 하여 연료, 윤활유 이외의 용도로 쓰는 여러 가지 화학 제품 따위를 만드는 공업.

★ **선박** 사람이나 짐 따위를 싣고 물 위로 떠다니도록 나무나 쇠로 만든 물건.

핵심만 한번 더 쓰면서 **정리 !**

서울특별시	세종특별자치시	서귀포시	울산광역시	대전광역시
정치, 경제, 문화 등이 골고루 발달한 우리나라의 [수][도]	새롭게 계획해 만든 우리나라 [행][정]의 중심 도시	독특한 섬 문화와 화산 지형 등으로 [관][광] 산업이 발달한 도시	[석][유] 화학, 자동차, 선박, 철강과 같은 산업이 발달한 도시	주요 [도][로]와 철도가 지나가는 우리나라 교통의 중심 도시

문제 학습

1 (부산광역시 , 서울특별시)는 우리나라의 수도로 정치, 경제, 문화 등이 골고루 발달한 도시입니다.

2 세종특별자치시는 새롭게 계획해 만든 우리나라 (공업 , 행정)의 중심이 되는 도시입니다.

3 서귀포시는 독특한 섬 문화, 화산 지형 등을 바탕으로 (　　　) 산업이 발달하였습니다.

4 (여수시 , 대전광역시)는 우리나라 교통의 중심이 되는 지역입니다.

미래엔, 비상교육 외

5 다음에서 설명하는 우리나라의 도시를 쓰시오.

> 　새롭게 계획해 만든 도시로, 우리나라 행정의 중심 역할을 합니다. 정부 세종 청사에 주요 공공 기관이 모여 있고, 도시가 개발되면서 인구가 많이 늘었습니다.

(　　　　　　　　)

8종 공통

6 부산광역시에 대한 설명으로 알맞은 것에 ○표, 알맞지 <u>않은</u> 것에 ×표 하시오.

⑴ 큰 항구를 중심으로 발달한 도시입니다.

(　　　)

⑵ 우리나라 가장 남쪽에 있는 도시로, 행정의 중심이 되는 도시입니다.　　　　(　　　)

8종 공통

7 다음에서 설명하는 도시는 어디입니까? (　　　)

> 　설악산과 동해안을 중심으로 아름다운 자연환경과 관광 산업이 발달하였습니다. 고속 국도와 철도역, 버스 터미널 등이 있어 교통이 편리합니다.

① 속초시　　　　　② 서귀포시
③ 서울특별시　　　④ 울산광역시
⑤ 세종특별자치시

8종 공통

8 우리나라의 도시에 대한 설명으로 알맞지 <u>않은</u> 것은 어느 것입니까? (　　　)

① 주로 교통이 편리하다.
② 관광 산업이 발달한 도시가 있다.
③ 도시가 개발되면 인구가 줄어든다.
④ 필요한 곳에 계획하여 만든 도시가 있다.
⑤ 항구를 중심으로 도시가 발달하기도 한다.

| 9~11 | 다음 〈보기〉를 보고, 물음에 답하시오.

〈보기〉

📖 8종 공통

9 우리나라의 수도로 광화문과 국회의사당이 있는 도시를 〈보기〉에서 골라 기호를 쓰시오.

(   )

지학사, YBM 외

10 큰 항구를 바탕으로 석유 화학, 자동차, 선박, 철강과 같은 산업이 발달한 도시를 〈보기〉에서 골라 기호를 쓰시오.

(   )

서술형   동아출판, 천재교과서(김) 외

11 위 〈보기〉의 ㉡ 도시의 특징을 한 가지만 쓰시오.

____

도움말 대전광역시의 자연환경, 인문환경을 떠올려 보세요.

디지털 문해력   📖 8종 공통

12 친구들의 대화를 보고 <u>잘못</u> 말한 친구를 골라 이름을 쓰시오.

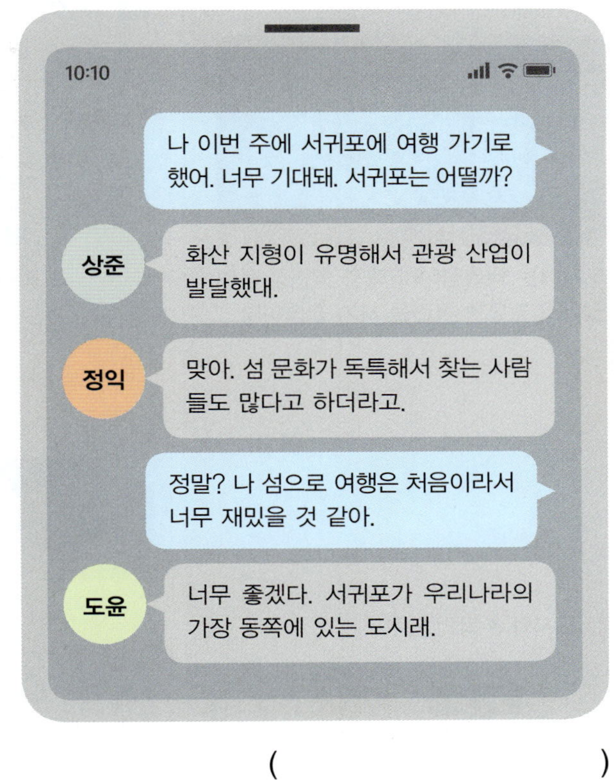

(   )

📖 8종 공통

13 여수시에서 볼 수 있는 모습을 골라 ◯표 하시오.

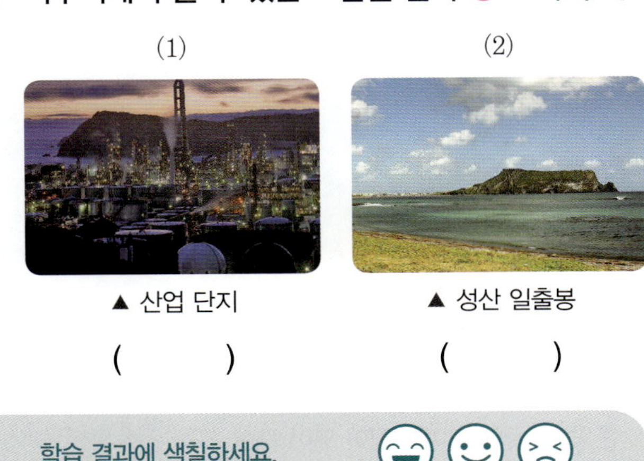

(1) (   )   (2) (   )

학습 결과에 색칠하세요.   😄 🙂 😣

3단원 7회

개념 학습

8회

도시의 생활 모습

➕ 상점이 많은 도시

도시에는 백화점이나 대형 할인점 등이 많아서 필요한 물건을 사기 쉽습니다.

➕ 도시와 *촌락의 인구

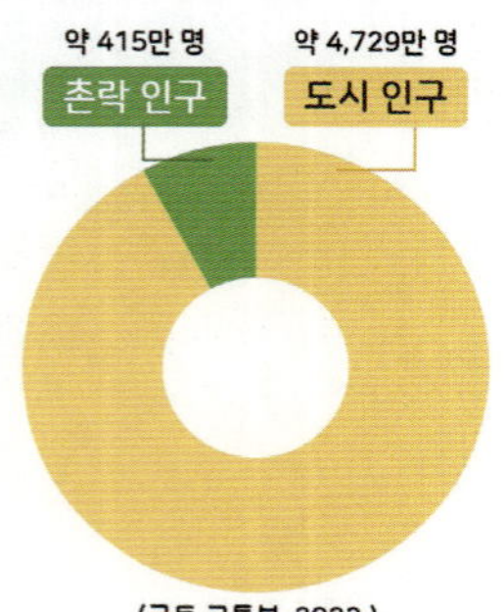

- 우리나라 인구 약 5,144만 명 중에 도시 인구는 약 4,729만 명입니다.
- 도시의 면적은 촌락의 면적보다 좁지만, 도시에 사는 사람은 촌락에 사는 사람보다 훨씬 더 많습니다.
- 도시의 면적에 비해 너무 많은 사람이 모여 살고 있어 도시 문제가 발생하기도 합니다.

용어 사전

✱ **촌락** 시골에서 여러 집이 모여 사는 마을.

---

1 도시 생활의 좋은 점 ➕

아플 때 병원에서 쉽고 빠르게 치료받을 수 있음.

다양한 산업이 발달하여 일자리가 많이 있음.

버스나 지하철 등 다양한 대중교통이 발달하여 이동하기 편리함.

공연장이나 박물관 등 다양한 문화 시설을 이용할 수 있음.

2 도시 생활의 문제점 ➕

교통 문제		• 도로에 차가 많아서 교통이 복잡하고, 사고도 자주 발생함. • 차가 많아서 주차할 공간이 부족함.
환경 문제		• 불법으로 버린 쓰레기가 많음. • 공장과 자동차가 늘면서 매연이나 쓰레기 등으로 주변 환경이 오염되기도 함.
주택 문제		• 오래되고 낡은 주택이 많음. • 인구에 비해 주택이 부족하고 집값이 비쌈.

3 도시 문제를 해결하기 위한 노력

교통 문제	• *공영 주차장을 만들어 주차 공간을 늘림. • 대중교통을 늘리고 버스 전용 차로제를 시행함. ➕
환경 문제	• *친환경 자동차를 이용하여 매연을 줄임. • 쓰레기를 줄이려 노력하고, 분리배출을 함.
주택 문제	• 낡은 주택을 고치고, 주택을 새로 지음. • 나라에서 주택을 지어 주변보다 낮은 가격에 사람들에게 제공하여 사람들이 집을 쉽게 구할 수 있게 함.

교과서 대표 자료 **살기 좋은 도시를 만들기 위한 노력**

▲ 전기 자동차

▲ 폐쇄 회로 텔레비전

• 친환경 전기 자동차를 사는 사람들에게 *보조금을 지원합니다.
• 범죄를 예방하고 안전을 위해 폐쇄 회로 텔레비전(CCTV)을 설치합니다.
• 도시의 미세먼지를 줄이고, 도시의 기온 상승을 막기 위해 나무를 심습니다.

➕ **버스 전용 차로제**

도로에 버스만 다닐 수 있는 차로를 따로 만들어 대중교통을 원활히 하고자 하는 제도입니다.

3단원 8회

용어 사전

✱ **공영 주차장** 공적인 기관에서 공공의 이익을 위하여 경영하거나 관리하는 주차장.

✱ **친환경 자동차** 에너지 소비 효율이 높고, 오염 물질을 적게 배출하는 자동차.

✱ **보조금** 모자라는 것을 도우려고 보태어 주는 돈.

핵심만 한번 더 쓰면서 **정리 !**

도시 생활의 좋은 점
• 아플 때 [병][원]에서 쉽고 빠르게 치료받을 수 있음.
• 일자리가 많고, 다양한 대중교통이 발달하여 이동하기 편리함.
• 다양한 [문][화][시][설]을 이용할 수 있음.

도시 생활의 문제점과 해결 노력

문제점
• 교통이 복잡하고, 주차 공간이 부족함.
• 매연이나 [쓰][레][기] 등으로 주변 환경이 오염되기도 함.
• 집값이 [비][싸][고] 낮은 주택이 많음.

해결 노력
• [공][영][주][차][장]을 만들고, 버스 전용 차로제를 시행함.
• [친][환][경][자][동][차]를 이용하고, 쓰레기를 분리배출함.
• 낡은 주택을 고치고, 주택을 새로 지음.

핵심 체크

1 도시는 버스나 지하철 등 다양한 대중교통이 발달하여 이동하기 (불편 , 편리)합니다.

2 도시의 면적에 비해 너무 (적은 , 많은) 사람이 모여 살고 있어 도시 문제가 발생하기도 합니다.

3 도시의 교통 문제를 해결하려고 버스 전용 (　　　　)을/를 시행하기도 합니다.

4 도시의 주택 문제를 해결하려고 나라에서 주택을 지어 주변보다 (낮은 , 높은) 가격에 사람들에게 제공하여 사람들이 집을 쉽게 구할 수 있게 합니다.

📘 8종 공통

5 도시 사람들이 다음과 같은 시설을 만든 까닭으로 알맞은 것은 어느 것입니까? (　　　　)

> • 백화점　　　　　　• 대형 할인점

① 농사를 지으려고
② 빠르게 이동하려고
③ 필요한 물건을 사려고
④ 아픈 곳을 치료받으려고
⑤ 환경을 아름답게 만들려고

📘 8종 공통

6 도시의 모습에 대해 알맞게 말한 친구를 골라 이름을 쓰시오.

> • 은지: 도시는 산업이 발달하지 않아서 일자리가 부족합니다.
> • 동연: 도시에는 아플 때 빠르게 치료받을 수 있는 병원이 많이 있습니다.

(　　　　　　　　　　)

미래엔, YBM 외

7 영주의 일기에서 알 수 있는 도시 생활의 좋은 점으로 알맞은 것에 ◯표 하시오.

> 　내가 좋아하는 가수 ☆☆☆가 우리 지역 공연장에서 공연을 했다. 차가 막혀서 공연에 늦을까 봐 일찍 대중교통을 타고 갔다. 덕분에 제시간에 도착할 수 있었다. 신나는 노래를 들으면서 나도 멋진 가수가 되고 싶다는 생각이 들었다.

(1) 대중교통이 발달하지 않아서 불편합니다.
(　　　　)

(2) 문화 시설이 많아서 여가 생활을 즐길 수 있습니다.
(　　　　)

📘 8종 공통

8 다음 글에서 설명하는 도시 생활의 문제점을 쓰시오.

> 　◯◯시가 개발되면서 공장이 많이 생기고 자동차도 늘어났습니다. 공장과 자동차에서 매연이 배출되면서 ◯◯시의 공기가 나빠지고 주민들의 건강이 위협받고 있습니다.

(　　　　　　　　　　)

아이스크림, 천재교과서(김) 외

9 다음은 우리나라의 도시와 촌락의 인구를 나타낸 그래프입니다. ㈎, ㈏에 들어갈 말을 선으로 알맞게 연결하시오.

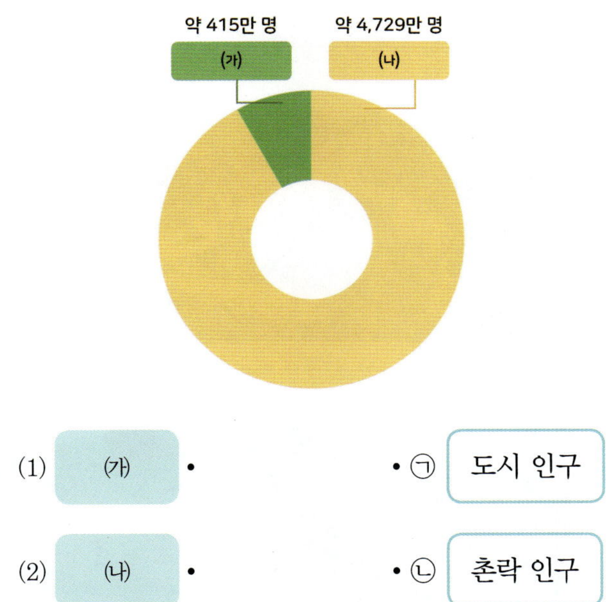

(1) ㈎ •　　　• ㉠ 도시 인구

(2) ㈏ •　　　• ㉡ 촌락 인구

📖 8종 공통

10 다음 그림이 나타내는 도시 생활의 문제점을 〈보기〉에서 각각 골라 쓰시오.

〈보기〉
• 교통 문제　　• 주택 문제　　• 환경 문제

(1)　　　　　　　　　(2)

▲ 차가 너무 많아서 도로가 막히거나 사고가 납니다.　　▲ 집값이 너무 비싸서 집을 구하기 어렵습니다.

(　　　　　)　(　　　　　)

디지털 문해력　동아출판, 비상교육 외

11 다음에서 설명하는 것은 무엇인지 쓰시오.

(　　　　　　　　　　)

📖 8종 공통

12 도시 문제를 해결하기 위한 노력으로 알맞은 것을 두 가지 고르시오. (　　　　)

① 낡은 주택을 유지한다.
② 배출하는 쓰레기의 양을 줄인다.
③ 주차장을 줄여 차량을 통제한다.
④ 버스나 지하철 등의 대중교통을 늘린다.
⑤ 쓰레기는 재질과 상관없이 모아 배출한다.

서술형　📖 8종 공통

13 도시의 환경 문제를 해결하기 위한 노력을 두 가지 쓰시오.

____

도움말 도시의 환경 문제를 해결하려면 어떤 노력이 필요한지 떠올려 보세요.

학습 결과에 색칠하세요.　  

8종 공통

1 환경에 대한 설명으로 알맞지 <u>않은</u> 것은 어느 것입니까? (   )

① 환경에는 자연환경과 인문환경이 있다.
② 우리 주변을 둘러싸고 있는 모든 것을 말한다.
③ 사람들은 자연환경의 영향을 받으며 생활한다.
④ 공원, 다리, 밭과 같은 인문환경은 사람이 만든 환경이다.
⑤ 비, 눈, 바람은 땅의 생김새로 구분할 수 있는 자연환경이다.

8종 공통

2 자연환경과 인문환경에 해당하는 것을 선으로 알맞게 연결하시오.

(1) 자연환경 •   • ㉠ 바다

(2) 인문환경 •   • ㉡ 과수원

서술형 동아출판, 미래엔 외

3 지역마다 사람들이 하는 일이 다른 까닭을 제시된 단어를 모두 포함하여 쓰시오.

• 자연환경　　　　• 인문환경

____

|4~5| 다음 ⑦, ④ 지역의 그림을 보고, 물음에 답하시오.

⑦

④

8종 공통

4 위 ⑦, ④ 지역에 대한 설명으로 알맞지 <u>않은</u> 것은 어느 것입니까? (   )

① ⑦ 지역은 바다와 가깝다.
② ④ 지역에는 목장이 있다.
③ ⑦ 지역에는 해수욕장이 있다.
④ ④는 높은 산에 둘러싸인 지역이다.
⑤ ⑦ 지역은 ④ 지역보다 높은 곳에 위치한다.

8종 공통

5 위 ⑦ 지역에서 볼 수 있는 환경을 (보기)에서 골라 기호를 쓰시오.

(보기)
㉠ 댐　　　　　　㉡ 탄광
㉢ 스키장　　　　㉣ 방파제

(   )

8종 공통

6 산이 많은 지역의 사람들이 자연환경을 이용하는 모습으로 알맞은 것은 어느 것입니까? (　　　)

① 물고기를 잡는다.

② 해수욕장을 만든다.

③ 굴이나 김을 기른다.

④ 산비탈에 밭을 만든다.

⑤ 염전을 만들어 소금을 얻는다.

8종 공통

7 다음과 같은 환경을 볼 수 있는 지역으로 알맞은 것에 ○표 하시오.

> • 논　　　　• 평야　　　• 비닐하우스

(1) 산이 많은 지역 　　　　　　　(　　　　)

(2) 바다가 있는 지역 　　　　　　(　　　　)

(3) 들이 펼쳐진 지역 　　　　　　(　　　　)

8종 공통

8 바다가 있는 지역의 사람들이 하는 일로 알맞지 않은 것은 어느 것입니까? (　　　)

① 김 기르기　　　② 물고기 잡기

③ 미역 기르기　　④ 버섯 기르기

⑤ 생선 사고팔기

비상교육, 지학사 외

9 다음 글의 밑줄 친 '이것'은 무엇인지 쓰시오.

　이것은 도로나 댐의 건설로 단절된 곳을 연결하기 위해 도로 위나 지하에 만든 시설입니다. 이것은 야생 동물들이 안전하게 다닐 수 있도록 만들었습니다.

(　　　　　　　　　　　　)

3
단원
9회

8종 공통

10 환경의 이용과 개발로 나타나는 긍정적 영향을 알맞게 말한 친구를 골라 이름을 쓰시오.

(　　　　　　　　　　　　)

📖 8종 공통

11 환경의 이용과 개발로 지역에 나타나는 긍정적 영향에 ○표, 부정적 영향에 ×표 하시오.

(1) 다양한 공공 기관과 시설이 늘어납니다.

( )

(2) 자동차나 공장에서 나오는 매연으로 공기가 오염됩니다. ( )

📖 8종 공통

12 도시에 대한 설명으로 알맞지 <u>않은</u> 것을 (보기)에서 골라 기호를 쓰시오.

(보기)
㉠ 높은 건물이 많다.
㉡ 사람이 적게 산다.
㉢ 사람과 물건의 이동이 편리하다.
㉣ 회사나 공장이 있어 일자리가 많은 곳에 발달한다.

( )

📖 8종 공통

13 다음 ( ) 안에 공통으로 들어갈 말을 쓰시오.

도시에는 크고 작은 ( )이/가 많고, ( ) 위로 다니는 버스, 지하철 등의 대중 교통이 발달하였습니다.

( )

동아출판, 천재교과서(김) 외

14 다음에서 설명하는 도시의 사진으로 알맞은 것을 골라 ○표 하시오.

• 우리나라 교통의 중심이 되는 지역입니다.
• 주요 도로와 철도가 지나가는 도시로, 편리한 교통을 갖추고 있습니다.
• 우수한 과학 연구 기관과 많은 기업이 모여 있습니다.

(1)　　　　　　　　　(2)

▲ 대전역　　　　　　　▲ 설악산

( )　　　　　　　( )

서술형 📖 8종 공통

15 다음 그림과 관련 있는 도시의 생활 모습을 두 가지 쓰시오.

____

____

16 도시에 사는 사람들의 모습에 대해 알맞게 말한 친구를 골라 이름을 쓰시오.

> • 희연: 다양한 공공 기관을 이용합니다.
> • 영진: 교통수단이 발달하지 않아서 다른 지역으로 이동하기 어렵습니다.

(   )

17 도시의 교통 문제를 나타낸 그림으로 알맞은 것을 골라 ○표 하시오.

(1)

▲ 도로에 차가 많아서 복잡합니다.

(   )

(2)

▲ 오래되고 낡은 주택이 많습니다.

(   )

18 다음에서 설명하는 도시 문제를 해결하기 위한 방안으로 알맞은 것에 ○표 하시오.

> 도시는 공장과 자동차가 늘면서 매연이나 쓰레기 등으로 주변 환경이 오염되기도 합니다.

(1) 낡은 주택을 고치고, 주택을 새로 짓습니다.

(   )

(2) 친환경 자동차를 이용하여 매연을 줄입니다.

(   )

| 19~20 | 다음 그림을 보고, 물음에 답하시오.

19 위 그림에서 자연환경과 인문환경을 찾아 두 가지씩 쓰시오.

(1) 자연환경	
(2) 인문환경	

서술형

20 위 그림과 같은 도시에 사는 사람들이 하는 일을 두 가지 쓰시오.

학습 결과에 색칠하세요.   

2학기 용어 되돌아 보기

● 가로 열쇠와 세로 열쇠를 읽고, 퍼즐을 풀어 보세요.

● 정답 **17**쪽

가로 열쇠

❶ 모든 사람이 자유롭고 평등한 입장에서 서로의 의견을 모아 의사를 결정하는 방식
❹ 큰 항구를 중심으로 발달한 우리나라 제2의 도시
❺ 새롭게 계획해 만든 우리나라 행정의 중심이 되는 도시
❼ 지역 주민의 생활을 불편하게 하거나 지역 주민들 사이에 갈등을 일으키는 여러 가지 문제

세로 열쇠

❷ 주민이 지역의 주인으로서 지역의 일에 참여하여 함께 문제를 해결해 나가는 것
❸ 지역을 나타내는 특성 중 지역에서 많이 생산되는 물건이나 음식, 전통 공예품 등
❻ 학교의 구성원들이 뜻을 모아 학교의 일을 스스로 결정하고 문제를 해결하는 것
❽ 논, 밭, 항구, 건물 등 사람들이 만든 환경

백점

사회 4·2

평가북

- 빠르게 정리하는 **단원 핵심 개념**
- 학교 시험 대비 수준별 **단원 평가**

동아출판

○ 평가북 구성과 특징

1 **단원 핵심 개념**이 있습니다.
중요 내용을 빠르게 정리할 수 있도록
각 단원별 핵심 개념 제공

2 **수준별 다양한 평가**가 있습니다.
A단계, B단계 두 가지 난이도로 단원 평가 제공

백점

사회 4·2

평가북

❶ 학교 자치와 민주주의

(1) ❶⬜ 의 의미와 필요성

의미
- 모든 사람이 자유롭고 평등하게 참여하여 공동의 일을 결정하는 것
- ❷⬜ 스스로가 나라의 주인이 되어 중요한 결정을 내리는 활동

필요성
- 사회에서 여러 사람이 함께 살아가다 보면 생각이 달라 문제가 생기기도 함.
- 사회 구성원들은 이러한 공동의 문제를 서로 의논하고 협력하면서 해결해 나감.

(2) 생활 속에서 볼 수 있는 민주주의

▲ 학급 회의

▲ 가족회의

▲ 주민 회의

▲ 주민 ❸⬜

(3) 민주주의를 실천하는 바람직한 태도

❹⬜ 태도	어떤 사실이나 의견의 옳고 그름을 따져 살펴보아야 함.
대화와 토론	공동의 문제를 민주적으로 해결하려면 충분한 대화가 필요함.
양보와 타협	서로 배려하며 양보하고 타협하는 태도를 갖춰야 함.
참여와 실천	함께 결정한 일은 구성원 모두가 따르고 실천해야 함.

(4) 학교 자치의 의미와 중요한 까닭

의미

학교 구성원들이 ❺⬜ 의 일을 스스로 결정하고 문제를 해결하는 것

중요한 까닭
- 학교의 많은 일은 학교 구성원 전체에 영향을 주기 때문에
- 더 많은 구성원이 만족하는 결과를 얻을 수 있기 때문에
- 학생들이 민주 시민으로 성장할 수 있기 때문에

❷ 주민 자치와 주민 참여

(1) 주민 자치의 의미와 필요성

의미

⑥ [   ]이 지역의 주인으로서 지역의 일에 참여하여 함께 문제를 해결해 나가는 것

필요성

- 주민들이 공동의 문제를 함께 해결하고 좋은 지역을 만들려고 노력해야 함.
- 주민들이 주민 자치에 적극적으로 참여할 때 지역의 민주주의를 실천할 수 있음.

(2) 다양한 주민 참여 방법

서명 운동 참여하기	같은 의견을 가진 주민들의 ⑦ [ ]을 모아 공공 기관에 전달함.
공청회 참여하기	공청회에 참여하여 의견을 듣거나 자신의 의견을 직접 제시함.
주민 투표 참여하기	주민들이 직접 투표하여 지역의 중요한 일을 결정함.
자원봉사 참여하기	교육, 환경, 예술 등 다양한 분야에서 자원봉사 활동을 함.
시민 단체 활동하기	여러 분야의 ⑧ [ ]에 가입해 지역사회의 문제 해결을 위한 활동을 함.
공공 기관 누리집에 의견 올리기	공공 기관의 누리집이나 애플리케이션에 지역에 관한 의견을 올림.

(3) 주민 자치에 참여하는 태도

- 지역사회의 문제를 해결하기 위해 주인 의식을 가져야 함.
- 지역사회의 문제에 관심을 갖고, 문제를 해결하기 위해 적극적으로 참여해야 함.
- 서로 다른 의견으로 갈등이 생길 때는 대화와 토론으로 의견 차이를 좁혀 나가는 노력이 필요함.

(4) 주민 자치에 참여하는 과정

❶ 지역문제 알아보기

❷ 문제 ⑨ [   ] 탐색하기

❸ 문제 해결 방안 결정하기

❹ 문제 해결 방안 ⑩ [   ] 하기

❺ 결과 확인하기

민주주의의 의미

1 다음에서 설명하는 것은 무엇인지 쓰시오.

> 모든 사람이 자유롭고 평등하게 참여하여 공동의 일을 결정하는 것을 말합니다.

(　　　　　)

2 민주주의에 대한 설명으로 알맞은 것에 ○표, 알맞지 <u>않은</u> 것에 ×표 하시오.

(1) 가족회의로 여행 장소를 결정하는 것은 민주주의의 모습이 아닙니다. (　　)

(2) 민주주의는 국민 스스로가 나라의 주인이 되어 중요한 결정을 내리는 활동을 말하기도 합니다. (　　)

3 다음 ( ) 안에 들어갈 알맞은 말을 쓰시오.

> 민주주의를 실천하려면 어떤 사실이나 의견의 옳고 그름을 따져 살펴보는 (　　) 태도를 지녀야 합니다.

(　　　　　)

---

4 다수결의 원칙에 대해 알맞게 말한 친구를 골라 ○표 하시오.

(1)

(　　)

(2)

(　　)

5 민주주의를 실천하는 바람직한 태도에 대한 설명을 선으로 알맞게 연결하시오.

(1) 대화와 토론 　•　　•㉠ 함께 결정한 일은 구성원 모두가 따르고 실천해야 함.

(2) 참여와 실천 　•　　•㉡ 공동의 문제를 민주적으로 해결하려면 충분한 논의가 필요함.

학교에서 민주주의를 실천하는 모습

6 다음에서 설명하는 것은 무엇인지 쓰시오.

> 학교 구성원들이 학교의 일을 스스로 결정하고 문제를 해결하는 것을 말합니다. 이를 통해 학교생활 속에서도 민주주의를 실천하고 있음을 알 수 있습니다.

(　　　　　)

7 학교생활을 하면서 학생들이 함께 해결해야 하는 공동의 문제로 알맞지 <u>않은</u> 것은 어느 것입니까?

( )

① 학급 생활 규칙을 정하는 일
② 급식 먹는 순서를 정하는 일
③ 방과 후에 먹을 간식을 정하는 일
④ 현장 체험 학습 장소를 정하는 일
⑤ 학급 도서 정리, 쓰레기 분리배출 등의 역할을 나누는 일

8 다음 ( ) 안에 공통으로 들어갈 말을 쓰시오.

> 학교의 주인인 학생들이 ( )에 참여하여 학급이나 학교의 대표를 뽑습니다. 이러한 전교 회장 ( ) 과정도 학교에서 볼 수 있는 민주주의 모습입니다.

( )

9 학교 자치가 중요한 까닭에 대한 설명으로 알맞은 것에 ○표 하시오.

(1) 학교의 많은 일은 선생님과 학부모에게만 영향을 주기 때문입니다. ( )
(2) 학교의 일을 민주적으로 결정할 때 더 많은 구성원이 만족하는 결과를 얻을 수 있기 때문입니다. ( )

학교 자치 활동에 참여하기

10 학교생활에서 민주주의 실천 과정을 순서대로 알맞게 나열한 것은 어느 것입니까? ( )

> ㉠ 결과 확인하기
> ㉡ 해결 방안 결정하기
> ㉢ 해결 방안 실천하기
> ㉣ 해결 방안 탐색하기
> ㉤ 해결해야 할 문제 확인하기

① ㉡－㉠－㉢－㉤－㉣
② ㉢－㉠－㉡－㉤－㉣
③ ㉢－㉤－㉡－㉠－㉣
④ ㉤－㉢－㉡－㉣－㉠
⑤ ㉤－㉣－㉡－㉢－㉠

11 다음 그림과 관련 있는 민주주의 실천 과정은 무엇인지 쓰시오.

해결 방안 ( )하기

12 학교 문제의 해결 방안을 결정할 때 주의할 점에 대해 알맞게 말한 친구를 골라 이름을 쓰시오.

> • 현진: 내가 제시한 해결 방안이 결정될 때만 따릅니다.
> • 명지: 대화와 토론을 충분히 한 후, 가장 합리적인 해결 방안을 결정합니다.

( )

주민 자치의 모습

1 다음 (　　) 안에 공통으로 들어갈 말을 쓰시오.

> • 주민이 지역의 주인으로서 지역의 일에 참여하여 함께 문제를 해결해 나가는 것을 (　　　)(이)라고 합니다.
> • 주민들이 (　　　)에 적극적으로 참여할 때 지역의 민주주의를 실천할 수 있습니다.

(　　　　　　　　)

2 주민 자치에 대한 설명으로 알맞은 것에 ○표, 알맞지 <u>않은</u> 것에 ×표 하시오.

(1) 지역 주민은 지역의 일을 해결하는 과정에 참여할 수 없습니다. (　　)

(2) 주민 자치에 참여하여 지역문제를 해결하고 더 좋은 지역으로 만들 수 있습니다. (　　)

3 주민 자치의 사례로 알맞은 것을 (보기)에서 골라 기호를 쓰시오.

> ┌─(보기)─────────────
> ㉠ 학교 전교 회장 선거에 참여한다.
> ㉡ 가족회의로 주말 여행지를 결정한다.
> ㉢ 학생들의 의견을 반영해 급식 식단을 결정한다.
> ㉣ 주민 총회에서 우리 지역에 필요한 사업을 제안한다.

(　　　　　　　　)

---

4 지역의 일에 주민이 참여해야 하는 까닭을 알맞게 말한 친구를 골라 이름을 쓰시오.

(　　　　　　　　)

다양한 주민 참여의 방법

5 다음에서 설명하는 주민 참여 방법을 쓰시오.

> 지역의 중요한 일을 결정할 때 주민의 의견을 알아보려고 실시하는 투표입니다.

(　　　　　　　　)

6 다음 사진에 나타난 주민 참여 방법을 (보기)에서 골라 쓰시오.

> ┌─(보기)─────────────
> • 공청회 참여하기   • 시민 단체 활동하기

(　　　　　　　　)

---

7 다음 (   ) 안에 들어갈 알맞은 말을 쓰시오.

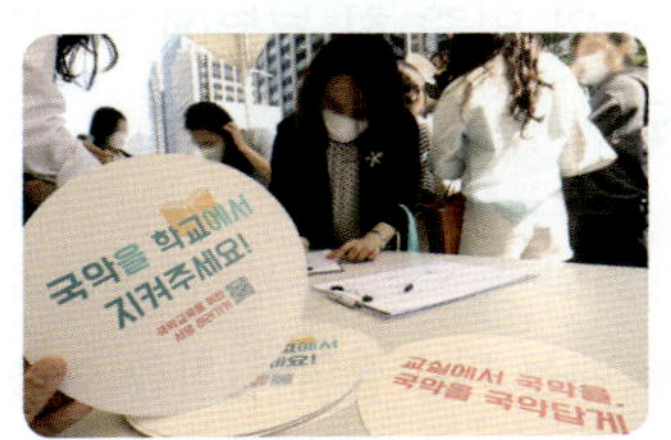

지역사회의 문제에 관해 같은 의견을 가진 주민들의 (   )을/를 모아 공공 기관에 전달합니다.

(   )

8 다음에서 설명하는 주민 참여 방법은 무엇입니까?

(   )

지역의 중요한 일을 결정하기 전에 전문가, 지역 주민 등 다양한 사람들이 모여 공개적으로 의견을 나눕니다.

① 서명 운동
② 주민 투표
③ 공청회 참여
④ 자원봉사 활동
⑤ 시민 단체 활동

9 다음 그림과 관련 있는 주민 자치 사례를 조사하는 방법은 어느 것입니까? (   )

① 지역 신문에서 기사를 확인한다.
② 공공 기관 누리집에서 검색한다.
③ 지역 게시판에서 주민 회의 소식을 확인한다.
④ 주민 자치에 참여하는 주민을 만나 면담한다.
⑤ 행정 복지 센터에 방문해서 주민 자치 사례를 확인한다.

지역문제 해결에 참여하기

10 주민 자치에 참여하는 태도를 알맞게 말한 친구를 골라 이름을 쓰시오.

• 인우: 지역의 일에 관심을 갖지 않습니다.
• 경아: 지역사회의 문제를 해결하기 위해 주인 의식을 가집니다.

(   )

11 다음 (   ) 안에 들어갈 알맞은 말에 ○표 하시오.

주민 참여 과정에서 서로 다른 의견으로 갈등이 생길 때는 대화와 토론으로 의견 차이를 (좁혀 , 넓혀) 나가는 노력이 필요합니다.

12 다음 그림은 주민 자치에 참여하는 과정 중 어떤 과정의 모습인지 (보기)에서 골라 기호를 쓰시오.

(보기)
㉠ 지역 문제 알아보기
㉡ 문제 해결 방안 탐색하기
㉢ 문제 해결 방안 결정하기
㉣ 문제 해결 방안 실천하기

(   )

1 민주주의의 의미를 알맞게 말한 친구를 골라 이름을 쓰시오.

(　　　　　　　　)

2 생활 속에서 볼 수 있는 민주주의의 모습으로 알맞지 <u>않은</u> 것은 어느 것입니까? (　　　　)

① 학급 회의로 급식 먹는 순서를 결정한다.
② 가족회의에서 가족의 중요한 일을 논의한다.
③ 주민 회의로 지역 축제를 열 장소를 결정한다.
④ 재산이 많은 순서대로 투표할 수 있는 권리를 준다.
⑤ 주민들이 투표를 하여 지역의 일에 의견을 표현한다.

3 민주주의를 실천하는 바람직한 태도로 알맞은 것에 ○표, 알맞지 <u>않은</u> 것에 ×표 하시오.

(1) 문제가 생기면 항상 투표로 해결합니다.

(　　　　)

(2) 공동의 문제를 민주적으로 해결하기 위해 충분한 대화를 합니다. (　　　　)

4 다음 글의 밑줄 친 부분에 들어갈 알맞은 내용을 쓰시오.

> 대화와 토론을 충분히 해도 의견이 좁혀지지 않을 때는 다수결의 원칙을 이용합니다. 그러나 다수결의 원칙에 따라 결정하더라도 ________
> ________

____

____

5 학교 자치에 대해 <u>잘못</u> 말한 친구를 골라 이름을 쓰시오.

> • 희진: 학교의 일을 결정하는 것은 선생님들이 해야 할 일이야.
> • 세호: 아니야. 학생과 부모님도 학교의 일에 대해 의견을 낼 수 있어.
> • 미연: 학교의 일은 학생, 선생님, 부모님 모두 참여해서 결정해야 해.

(　　　　　　　　)

6 다음에서 설명하는 것은 무엇인지 쓰시오.

> • 학생들이 제안한 학교생활에 필요한 사업을 실현할 수 있도록 예산을 지원하고, 학생들이 직접 기획하여 운영하는 제도입니다.
> • 이 제도를 통해 학생들은 학교생활에 필요한 시설이나 물품 등을 직접 제안하고 이에 관해 의논할 수 있습니다.

학생 참여 (   )

7 학생 자치회에 대한 설명으로 알맞지 <u>않은</u> 것을 (보기)에서 골라 기호를 쓰시오.

> (보기)
> ㉠ 전체 학생을 대표해 학교의 일을 토의한다.
> ㉡ 학급 임원만 학교 자치에 참여할 수 있는 일을 기획한다.
> ㉢ 학생 스스로 학교의 일을 운영하고자 학생들이 만든 모임이다.
> ㉣ 학교에서 선거로 학교와 학급의 대표를 뽑아 학생 자치회를 만든다.

(   )

8 다음 (   ) 안에 공통으로 들어갈 말은 어느 것입니까? (   )

> • (   )에서 학급 생활 규칙을 정했어.
> • (   )에서 우리 반 공동의 문제를 해결하기 위한 의견을 모을 수 있어.

① 가족회의
② 마을 회의
③ 주민 투표
④ 학급 회의
⑤ 학교 축제

9 서술형

다음 그림과 같은 학교 자치가 중요한 까닭은 무엇인지 쓰시오.

▲ 선거에 참여하여 학교의 대표를 직접 뽑습니다.

____

____

1
단원
B단계

10 학교 문제의 해결 방안을 결정할 때 주의할 점을 알맞게 말한 친구를 골라 ○표 하시오.

(1)   (2)

(   )   (   )

11 주민이 지역의 주인으로서 지역의 일에 참여하여 함께 문제를 해결해 나가는 것을 무엇이라고 합니까? (　　　)

① 선거 운동　　　② 주민 자치
③ 학급 회의　　　④ 학생 자치회
⑤ 학생 참여 예산제

12 주민 자치에 대한 설명으로 알맞은 것에 ○표, 알맞지 <u>않은</u> 것에 ×표 하시오.

⑴ 지역의 대표가 주민들을 대신하여 지역의 일을 혼자 해결하는 것을 말합니다. 　（　　　）
⑵ 주민들이 주민 자치에 적극적으로 참여할 때 지역의 민주주의를 실천할 수 있습니다.
　（　　　）

13 주민 자치의 모습을 알맞게 말한 친구를 골라 ○표 하시오.

(1)

(2)

（　　　）　　　（　　　）

14 지역의 일에 주민이 참여해야 하는 까닭으로 알맞지 <u>않은</u> 것은 어느 것입니까? (　　　)

① 주민들이 지역의 상황을 잘 알기 때문에
② 주민들이 참여해야 지역이 발전하기 때문에
③ 지역의 일이 주민들의 생활에 영향을 주기 때문에
④ 지역 주민의 생활보다 지역의 발전이 우선이기 때문에
⑤ 지역에서 일어나는 일이나 문제가 지역마다 다르기 때문에

15 주민 자치를 이루기 위한 주민 참여 방법을 두 가지 쓰시오.

____

____

16 다음 ( ) 안에 공통으로 들어갈 말을 쓰시오.

> • ( )(이)란 시민들이 개인의 이익이 아닌 사회 전체의 이익을 위해 자발적으로 모임을 갖고 활동하는 단체입니다.
> • 지역 주민들은 자신이 관심을 가지고 있는 분야의 ( )에서 활동하면서 지역문제의 해결을 위해 노력합니다.

( )

서술형
17 주민 자치 사례를 조사하는 방법을 두 가지 쓰시오.

____

____

18 주민 자치에 참여하는 바람직한 태도를 알맞게 말한 친구를 골라 이름을 쓰시오.

( )

19 다음 ㉠, ㉡에 들어갈 알맞은 말에 ○표 하시오.

> • 지역 주민들이 ㉠ (공동 , 개인)의 문제를 함께 해결하고 좋은 지역을 만들려고 노력해야 합니다.
> • 주민들이 주민 자치에 적극적으로 ㉡ (참여 , 경쟁)할 때 지역의 민주주의를 실천할 수 있습니다.

20 다음 글을 통해 알 수 있는 지역사회의 문제 해결에 참여하는 태도로 알맞은 것은 어느 것입니까?

( )

> 버스 정류장에 버스 도착 시간을 알려주는 전광판이 없어서 버스가 언제 도착할지 모르는 채로 기다려야 하니 불편했어요.
> 그래서 전광판 설치를 원하는 주민들의 서명을 모아 공공 기관에 전달했더니 얼마 후 전광판이 설치되었어요.

① 어른들의 의견을 무조건 따른다.
② 누군가가 해결해 주기를 기다린다.
③ 지역사회의 일은 알아서 해결될 것이라고 생각한다.
④ 지역사회의 문제를 혼자서 해결해야 한다고 생각한다.
⑤ 지역사회의 문제에 관심을 가지고 문제를 해결하기 위해 노력한다.

❶ 지역문제를 해결하려는 노력

(1) ❶ [   ]의 의미와 특징

의미

지역 주민의 생활을 불편하게 하거나 지역 주민들 사이에 갈등을 일으키는 여러 가지 문제

특징

- 사람들이 함께 살아가다 보면 지역문제가 생김.
- 지역의 지리적, 환경적, 사회적, 역사적 특징에 따라 여러 문제가 발생함.

(2) 지역문제의 종류

▲ ❷ [   ] 문제

▲ 환경 문제

▲ 안전 문제

▲ 주택 문제

▲ ❸ [   ] 문제

▲ 시설 부족 문제

(3) 지역문제의 해결 과정

❶ 지역문제 확인하기	피해가 심각한 문제나 직접 경험한 문제 등을 고려하여 선택함.
❷ 지역문제 발생 원인 파악하기	문제 ❹ [ ] 을 파악하기 위해서 자료를 수집하고 분석함.
❸ 지역문제 해결 방안 탐색하기	문제 발생 원인을 바탕으로 지역문제를 해결할 수 있는 방안을 찾음.
❹ 지역문제 해결 방안 결정하기	해결 방안의 장점과 단점을 비교하고, 대화와 타협을 통해 적절한 해결 방안을 결정함.
❺ 지역문제 해결 방안 실천하기	해결 방안을 함께 ❺ [ ] 하고, 공공 기관에 도움도 요청함.

② 지역을 알리는 노력

(1) 지역을 나타내는 특성

자연환경	산, 들, 하천, 바다 등 땅의 생김새와 아름다운 자연환경	⑥	지역의 유명한 관광지, 음악, 미술 등
⑦	지역의 대표적인 국가유산, 역사적 사건이나 인물 등	생산물	지역에서 많이 생산되는 물건, 음식, 전통 공예품 등

(2) 여러 지역의 특성

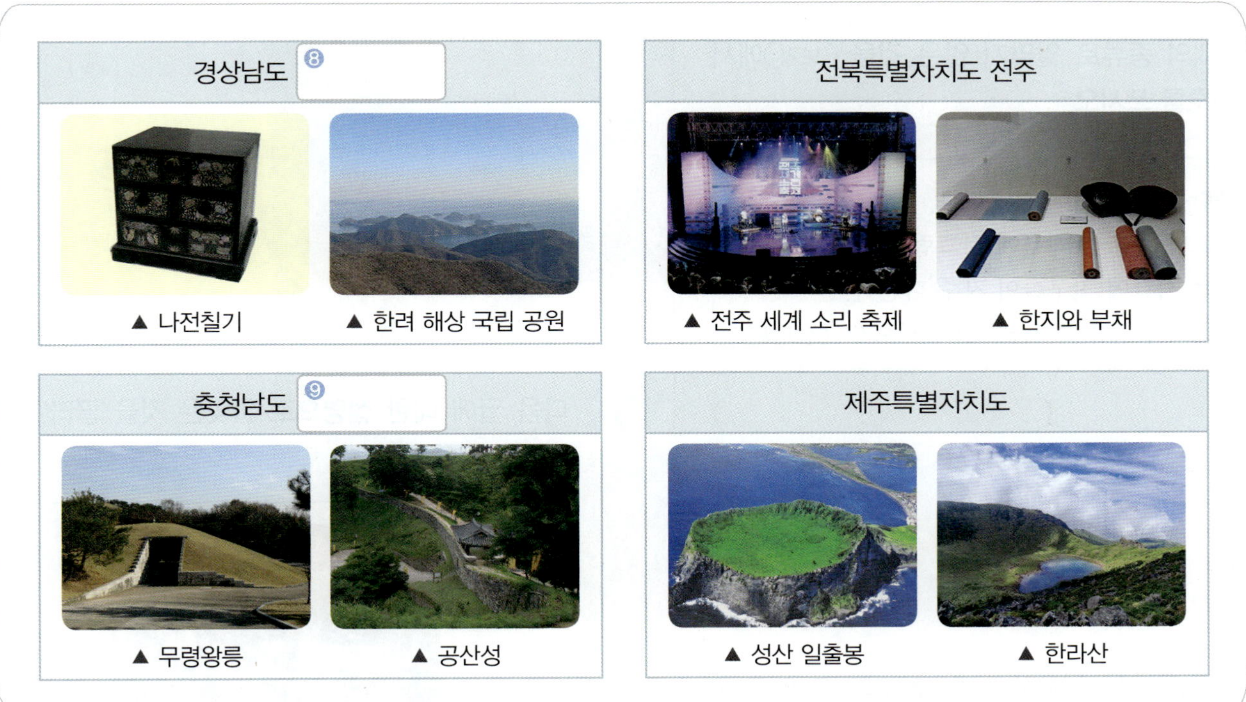

경상남도 ⑧

▲ 나전칠기　　　▲ 한려 해상 국립 공원

전북특별자치도 전주

▲ 전주 세계 소리 축제　　　▲ 한지와 부채

충청남도 ⑨

▲ 무령왕릉　　　▲ 공산성

제주특별자치도

▲ 성산 일출봉　　　▲ 한라산

(3) 우리 지역을 알리는 노력

우리 지역을 알리는 것이 중요한 까닭

- 우리 지역을 더 깊이 이해할 수 있음.
- 지역이 널리 알려지면 많은 사람이 지역을 방문해 지역이 경제적으로 발전할 수 있음.

우리 지역을 알리는 방법

- 포스터 만들기
- 만화 그리기
- 뉴스 기사 만들기
- 축제 초대장 만들기
- 사진전 열기
- 안내도 만들기

지역문제 알아보기

1 다음 (　　) 안에 들어갈 알맞은 말을 쓰시오.

> 지역 주민들의 삶을 불편하게 하거나 주민들 사이에 갈등을 일으키는 문제를 (　　　)(이)라고 합니다.

(　　　　　　　　　)

2 지역문제의 종류로 알맞지 <u>않은</u> 것을 (보기)에서 골라 기호를 쓰시오.

> (보기)
> ㉠ 사람들이 살 집이 부족하다.
> ㉡ 오토바이 소리 때문에 시끄럽다.
> ㉢ 쉬는 시간에 친구들이 자주 다툰다.
> ㉣ 자동차가 많아 출퇴근 시간에 도로가 혼잡하다.

(　　　　　　　　　)

3 지역문제에 대해 알맞게 말한 친구를 골라 ○표 하시오.

(1)

(2)

(　　　)　　　(　　　)

4 다음 대화를 읽고 알 수 있는 △△ 지역의 문제로 알맞은 것은 어느 것입니까? (　　　)

> • 학생: △△ 지역의 문제는 무엇이라고 생각하시나요?
> • 주민: 주차 공간이 부족하고 도로가 자주 막혀 불편해요.

① 안전 문제　　　② 환경 문제
③ 교통 문제　　　④ 소음 문제
⑤ 주택 문제

5 다음 글에 대한 설명으로 알맞은 것을 골라 ○표 하시오.

> 불법 주차된 차량에 가려 지나가던 어린이를 못 보고 차에 치이는 사고가 발생하고 있습니다. 또한 어린이 보호 구역에서 속도를 줄이지 않는 차로 문제가 발생하기도 합니다.

(1) 지역문제는 어린이에게만 나타납니다.

(　　　)

(2) 지역문제에 주민들이 관심을 가지고 문제 해결에 참여해야 합니다. (　　　)

---

6 다음은 지역문제를 해결하기 위한 과정입니다. 순서대로 알맞게 기호를 쓰시오.

> ㉠ 지역문제 확인하기
> ㉡ 지역문제 해결 방안 탐색하기
> ㉢ 지역문제 발생 원인 파악하기
> ㉣ 지역문제 해결 방안 결정하기
> ㉤ 지역문제 해결 방안 실천하기

㉠ → (　　　) → (　　　) → (　　　) → ㉤

|7~8| 다음은 ○○시의 지역문제를 확인하기 위해 서연이네 모둠에서 수집한 자료입니다. 자료를 보고 물음에 답하시오.

> 20△△년 △월 △일　　　　　　　○○ 지역 신문
>
> 　최근 일회용품을 사용하는 사람이 많아지면서 우리 지역의 쓰레기양이 크게 늘고 있다. 그러나 늘어나는 쓰레기에 비해 쓰레기를 버릴 곳이나 재활용할 수 있는 곳은 턱없이 부족하여 주민들의 불만이 점점 커지고 있다.

7 위 자료를 통해 알 수 있는 ○○시의 지역문제는 무엇인지 쓰시오.

(　　　　　　　　　　　)

8 지역문제를 확인하기 위해 서연이네 모둠에서 수집한 자료는 무엇입니까? (　　　)

① 백지도　　　　　　② 신문 기사
③ 답사 보고서　　　　④ 설문 조사 결과
⑤ 관광 안내 자료

9 다음 그림에 나타난 지역문제 확인 방법에 대한 설명으로 알맞은 것은 어느 것입니까? (　　　)

① 평소 생활 속 경험을 떠올려 본다.
② 주변을 직접 둘러보며 지역문제를 찾아본다.
③ 지역 신문에서 지역문제와 관련된 내용을 찾아본다.
④ 시·도청 누리집에서 지역 주민이 올린 글을 찾아본다.
⑤ 지역 주민을 만나서 지역문제에 대한 의견을 여쭈어본다.

10 다음 글은 어떤 지역문제를 해결하기 위한 방안인지 쓰시오.

> • 공영 주차장을 새로 건설해 주차 공간을 늘립니다.
> • 주차 공간을 더 만들기 위해 공공 기관의 주차장을 개방합니다.
> • 운전자들에게 불법 주차의 위험성을 알리는 캠페인을 합니다.

(　　　　　　　　) 문제

11 지역문제의 해결 방안을 결정할 때 고려해야 할 점으로 알맞은 것을 (보기)에서 골라 기호를 쓰시오.

(보기)
㉠ 가장 먼저 말한 사람의 의견을 따른다.
㉡ 내가 좋아하는 사람이 제시한 해결 방안을 선택한다.
㉢ 대화와 토론을 통해 가장 합리적인 해결 방안을 선택한다.
㉣ 다양한 해결 방안 중 비용이 가장 적게 드는 방안을 선택한다.

(   )

12 다음 표를 보고, 지역문제의 해결 방안을 결정하는 것에 대해 알맞게 말한 친구를 골라 이름을 쓰시오.

	해결 방안 ❶ 감시 카메라와 경고판 설치하기	해결 방안 ❷ 분리배출 안내문 만들고 캠페인 하기
장점	쓰레기를 몰래 버리는 사람이 줄어들 수 있음.	쓰레기의 양이 줄어들 수 있음.
단점	설치하는 데 비용이 많이 듦.	효과가 나타날 때까지 시간이 오래 걸림.

▲ 현빈

▲ 새롬

(   )

13 다음 ( ) 안에 들어갈 알맞은 말에 ○표 하시오.

지역문제를 해결할 방안을 결정한 다음에는 계획을 세워서 (실천 , 탐색)합니다.

14 지역문제의 해결 방안을 실천하는 태도로 알맞은 것에 ○표, 알맞지 않은 것에 ×표 하시오.
⑴ 어린이들은 지역문제에 관심을 가질 필요가 없습니다. (   )
⑵ 지역 주민들이 지역문제를 해결하기 위해 함께 노력해야 합니다. (   )

15 다음 ( ) 안에 공통으로 들어갈 말을 쓰시오.

우리도 지역문제 해결에 (   )할 수 있습니다. 지역 누리집에 건의하는 글을 올리는 방법으로 지역문제 해결에 (   )했습니다.

(   )

단원 평가 Ⓐ 단계   2-❷ 지역을 알리는 노력   맞은 개수 / 15

지역을 나타내는 특성

| 1~2 | 다음 (보기)를 보고, 물음에 답하시오.

(보기)
㉠ 지역의 역사
㉡ 지역의 생산물
㉢ 지역의 오래된 문제
㉣ 나의 생각이 담긴 일기장

1 지역을 나타내는 특성으로 알맞은 것을 (보기)에서 모두 골라 기호를 쓰시오.

(   )

2 다음 사진과 관련 있는 지역의 특성을 (보기)에서 골라 기호를 쓰시오.

▲ 경주 불국사

▲ 연천 전곡리 선사 유적지

(   )

3 지역의 특성에 대한 설명으로 알맞은 것에 ○표, 알맞지 <u>않은</u> 것에 ✕표 하시오.

⑴ 지역을 대표하는 것은 지역마다 똑같습니다.

(   )

⑵ 우리 지역을 대표하는 것을 조사해 보면 우리 지역의 특징을 알 수 있습니다.　(   )

---

4 지역을 대표하는 것을 조사하는 방법으로 알맞지 <u>않은</u> 것은 어느 것입니까? (   )

① 직접 가서 조사한다.
② 관광 안내 자료를 찾아본다.
③ 동물 관련 동화책을 찾아본다.
④ 한국관광공사 누리집에 방문한다.
⑤ 지역에 대해 잘 알고 계신 분에게 여쭈어본다.

여러 지역의 특성

5 다음 (   ) 안에 공통으로 들어갈 지역의 이름을 쓰시오.

▲ 충렬사

▲ 이순신 장군

(   )에는 이순신 장군과 관련된 국가유산이 있습니다. 이순신 장군이 임진왜란 때 한산도 앞바다에서 일본군을 크게 무찌른 역사가 있기 때문입니다. (   )에서는 이러한 역사를 알리려고 유적지를 보존하고, 축제를 열기도 합니다.

(   )

6 지역의 이름과 지역을 대표하는 특성을 선으로 알맞게 연결하시오.

(1) 충청남도 공주 •   • ㉠ 감귤

(2) 제주특별자치도 •   • ㉡ 공산성

7 다음 ( ) 안에 들어갈 알맞은 말을 쓰시오.

▲ 주상 절리

제주특별자치도는 우리나라의 남쪽에 위치하는 섬으로, (   )이/가 폭발하면서 만들어졌습니다. 이와 관련 있는 주상 절리, 성산 일출봉 등의 지형을 볼 수 있습니다.

(   )

8 전주의 특성에 해당하는 것을 골라 ○표 하시오.

(1)

▲ 한라산
(   )

(2)

▲ 한지와 부채
(   )

9 우리 지역을 알리는 노력으로 알맞지 <u>않은</u> 것은 어느 것입니까? (   )

① 지역의 역사를 알리려고 박물관을 만든다.
② 지역의 문화를 주제로 한 관광 상품을 만든다.
③ 지역의 생산물을 알리기 위한 직거래 장터를 연다.
④ 다른 지역의 생산물을 우리 지역 사람들에게 소개한다.
⑤ 지역의 문화를 홍보하는 영상을 사회 관계망 서비스(SNS)에 올린다.

10 축제와 관련 있는 지역의 특성을 선으로 알맞게 연결하시오.

(1) 
▲ 보령 머드 축제

•   • ㉠ 문화

(2) 
▲ 당진 기지시 줄다리기 민속 축제

•   • ㉡ 자연 환경

11 다음 (   ) 안에 들어갈 알맞은 말을 쓰시오.

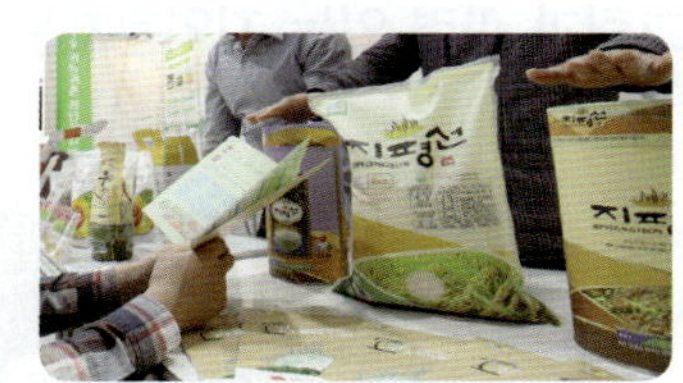

김제시는 지역의 생산물인 쌀을 알리고 판매하기 위해 (   )에 참여하기도 합니다.

(   )

12 다음 (   ) 안에 들어갈 알맞은 말에 ○표 하시오.

금산군은 지역의 대표 생산물인 인삼을 지역의 (축제 , 상징 마크)로 표현합니다.

우리 지역 알리기

13 우리 지역을 알리는 것이 중요한 까닭을 알맞게 말한 친구를 골라 ○표 하시오.

(   )   (   )

14 다음 (   ) 안에 공통으로 들어갈 말을 쓰시오.

① 지역의 (   )에 소개할 자랑거리가 있는 곳을 색칠합니다.
② 자랑거리를 설명하는 자료를 만들고, 이를 (   )에 붙입니다.
③ (   )에 색칠한 곳과 자료를 선으로 이어 완성합니다.

(   )

15 다음은 어떤 방법으로 우리 지역의 소개 자료를 만든 것인지 쓰시오.

(   ) 그리기

1 다음 (　　) 안에 공통으로 들어갈 말을 쓰시오.

> 지역 (　　　)의 생활을 불편하게 하거나 지역 (　　　) 사이에 갈등을 일으키는 문제를 지역문제라고 합니다.

(　　　　　　　　)

2 지역문제에 대한 설명으로 알맞은 것에 ○표 하시오.

(1) 사람들이 함께 살아가다 보면 지역문제가 발생합니다. (　　　)

(2) 주민들이 관심을 가져도 지역문제를 해결할 수 없습니다. (　　　)

3 다음 설명과 관련 있는 지역문제를 선으로 알맞게 연결하시오.

(1) 지어진 지 오래된 집이 많아 위험함. ・   ・㉠ 환경 문제

(2) 하천이 오염되어 물고기들이 살기 힘듦. ・   ・㉡ 주택 문제

4 다음 그림과 관련 있는 지역문제는 무엇입니까?

(　　　　)

① 안전 문제   ② 주택 문제
③ 환경 문제   ④ 쓰레기 문제
⑤ 국가유산 훼손 문제

서술형

5 다음 그림과 같은 지역문제를 확인하는 방법을 두 가지 쓰시오.

____

____

6 다음 (　　) 안에 들어갈 알맞은 말에 ○표 하시오.

> 지역문제를 해결하려면 문제가 일어난 (원인 , 결과)을/를 알아야 합니다.

7 다음은 지역문제의 해결 과정 중 어느 단계에 해당합니까? (　　　)

① 지역문제 확인하기
② 지역문제 발생 원인 파악하기
③ 지역문제 해결 방안 탐색하기
④ 지역문제 해결 방안 결정하기
⑤ 지역문제 해결 방안 실천하기

8 쓰레기 문제의 해결 방안으로 알맞지 <u>않은</u> 것은 어느 것입니까? (　　　)

① 감시 카메라 설치하기
② 도로에 쓰레기통 설치하기
③ 재활용품 배출 공간 늘리기
④ 쓰레기 분리배출 캠페인하기
⑤ 교통안전 도우미의 활동 시간 늘리기

9 지역문제를 해결하는 과정에서 다음 그림과 같이 다양한 해결 방안이 제시되면 어떻게 결정해야 하는지 쓰시오.

____

____

2 단원
B단계

10 지역문제의 해결 방안을 결정할 때 생각할 점으로 알맞지 <u>않은</u> 것은 어느 것입니까? (　　　)

① 해결 방안의 장단점을 고려했는지
② 객관적인 자료와 근거로 평가했는지
③ 가장 합리적인 해결 방안을 선택했는지
④ 나의 의견이 해결 방안으로 결정되었는지
⑤ 대화와 토론으로 해결 방안을 결정했는지

11 지역의 특성에 대한 설명으로 알맞은 것에 ○표 하시오.

⑴ 눈에 보이지 않는 역사는 지역의 특성이라고 볼 수 없습니다. (   )

⑵ 지역의 특성에 따라 지역마다 유명한 음식이나 문화 등이 다릅니다. (   )

12 다음 사진과 관련 있는 지역의 특성을 (보기)에서 골라 기호를 쓰시오.

▲ 광주 무등산

┌ (보기) ─────────────────┐
ㄱ 문화   ㄴ 생산물
ㄷ 국가유산   ㄹ 자연환경
└──────────────────────┘

(   )

13 지역을 대표하는 것을 조사하는 방법을 알맞게 말한 친구를 골라 이름을 쓰시오.

▲ 귀현   ▲ 민지

(   )

| 14~15 | 다음 사진을 보고, 물음에 답하시오.

▲ 보성 녹차   ▲ 이천 도자기

14 위 사진에 공통적으로 나타난 지역의 특성은 무엇인지 쓰시오.

(   )

15 지역에서 위와 같은 특성을 알리는 것이 중요한 까닭을 제시된 단어를 모두 포함하여 쓰시오.

┌────────────────────────┐
• 방문   • 경제적
└────────────────────────┘

____

____

16 다음 사진과 같은 특성이 있는 지역은 어디인지 쓰시오.

▲ 성산 일출봉   ▲ 한라산

(   )

17 다음 사진에 나타난 지역을 알리는 노력은 무엇인지 쓰시오.

▲ 부산 감천 문화 마을

____

____

18 지역을 알리는 노력에 대해 알맞게 말한 친구를 골라 ◯표 하시오.

(1)   (2)

(   )   (   )

19 다음 (   ) 안에 들어갈 알맞은 말에 ◯표 하시오.

> 포스터 만들기, 만화 그리기, 뉴스 기사 만들기 등의 방법으로 우리 지역을 소개할 수 있습니다. 이 활동을 통해 우리 지역을 (이해 , 훼손) 할 수 있습니다.

20 다음 그림은 어떤 방법으로 우리 지역을 소개하는 모습입니까? (   )

① 노래 만들기   ② 영상 만들기
③ 책자 만들기   ④ 포스터 만들기
⑤ 뉴스 기사 만들기

'단원' 핵심 개념

❶ 지역의 다양한 환경과 변화

(1) 자연환경과 인문환경

자연환경

산, 들, 비 등의 ❶ [　　　] 그대로 생겨난 환경

인문환경

논, 밭, 항구, 건물 등의 사람들이 만든 환경

(2) 산이 많은 지역

특징

- 산이나 숲, 계곡 등이 있음.
- 스키장이나 썰매장, 캠핑장 등을 볼 수 있음.
- 산비탈에 밭을 만들어 농사를 지음.
- 목장에서 소나 양을 길러 고기와 우유를 얻음.

변화

- 옛날에는 산비탈에 밭농사를 짓거나 탄광에서 ❷ [　　　]을 캐기도 했음.
- 오늘날에는 케이블카가 들어오기도 하고, 산을 깎아서 스키장을 만들기도 함.

(3) 들이 펼쳐진 지역

특징

- 강이나 하천, 낮은 산 등이 있음.
- ❸ [　　　]가 발달해 사람들이 모여 삼.
- 축사에서 소나 돼지와 같은 가축을 기름.

변화

- 옛날에는 주로 ❹ [　　　]를 짓거나 밭에서 채소를 재배하며 살았음.
- 오늘날에는 회사, 공장, 아파트 등이 생겨남.

(4) 바다가 있는 지역

특징

- 갯벌이나 모래사장이 있고, 해수욕장이 발달함.
- 미역, 다시마, 전복 등을 기르는 양식장이 있음.
- 식당이나 숙박 시설을 운영함.
- 수산물 직판장에서 생선을 사고팜.

변화

- 옛날에는 바다 가까이에서 주로 고기잡이를 하거나 농사를 지으며 살았음.
- 오늘날에는 공장이 들어서면서 ❺ [　　　]이 발달하고 산업 단지가 들어서기도 함.

(5) 환경의 이용과 개발로 나타나는 영향

긍정적 영향

- 경제 성장
- 이동 시간 감소
- 삶이 풍요로워짐.
- 교류가 활발해짐.

부정적 영향

- 공기 오염
- 물 오염
- 산림 파괴
- 땅 오염

② 도시의 특징과 생활 모습

(1) 도시의 의미와 특징

의미

사람이 많이 모여 살면서 정치, 경제, 사회, 문화 활동의 ⑥ [ ] 이 되는 곳

특징

- 많은 사람이 모여 살고, 높은 건물이 많음.
- 다양한 공공 기관이 있고, 편의 시설이 많음.
- 문화 시설이 많고, 교통수단이 발달함.

(2) 도시에 사는 사람들의 모습

▲ 주로 아파트나 연립 주택 등의 공동 주택에 거주함.

▲ 백화점이나 대형 할인점에서 물건을 구매함.

▲ 회사나 공장에서 다양한 일을 함.

▲ 문화 시설에서 여가 시간을 보냄.

(3) 도시 생활의 모습

도시 생활의 좋은 점

- 다양한 대중교통이 발달하여 이동하기 편리함.
- 아플 때 ⑦ [ ] 에서 쉽고 빠르게 치료받을 수 있음.
- 산업이 발달하여 다양한 일자리가 있음.

도시 생활의 문제점

- 교통이 복잡하고, 사고도 자주 발생함.
- 매연이나 쓰레기 등으로 주변 환경이 오염됨.
- 인구에 비해 주택이 부족하고 집값이 비쌈.

(4) 도시 문제를 해결하기 위한 노력

⑧ [ ] 문제	환경 문제	주택 문제
• 공영 주차장을 만들어 주차 공간을 늘림. • 대중교통을 늘리고 버스 전용 차로제를 시행함.	• 친환경 자동차를 이용하여 매연을 줄임. • 쓰레기를 줄이려 노력하고, 분리배출을 함.	• 낡은 ⑨ [ ] 을 고치고, 주택을 새로 지음. • 나라에서 주택을 지어 주변보다 낮은 가격에 제공함.

자연환경과 인문환경

1 자연환경 중 날씨에 영향을 주는 것이 <u>아닌</u> 것은 어느 것입니까? (　　　)

① 눈　　　　② 들　　　　③ 비
④ 기온　　　⑤ 바람

2 다음 （보기）를 자연환경과 인문환경으로 구분하여 기호를 쓰시오.

（보기）
⊙ 논　　　ⓛ 산　　　ⓒ 다리
ⓔ 바다　　ⓜ 항구　　ⓗ 하천

(1) 자연환경: (　　　　　　　　　)
(2) 인문환경: (　　　　　　　　　)

3 다음 (　　) 안에 들어갈 알맞은 말을 골라 ○표 하시오.

　들, 비, 바람 등 자연 그대로 생겨난 환경을 (자연 , 인문)환경이라고 합니다. 사람들이 만든 밭, 도로, 건물 등을 (자연 , 인문)환경이라고 합니다.

산이 많은 지역의 특징과 변화

4 산이 많은 지역에 대한 설명으로 알맞은 것은 어느 것입니까? (　　　)

① 배가 드나드는 항구가 있다.
② 넓은 들을 논과 밭으로 이용한다.
③ 양식장에서 김이나 미역을 기른다.
④ 도시가 발달해 사람들이 모여 산다.
⑤ 물을 저장하거나 전기를 만들어 내는 댐을 볼 수 있다.

5 산이 많은 지역의 변화에 대한 설명으로 알맞은 것에 ○표, 알맞지 <u>않은</u> 것에 ×표 하시오.

(1) 옛날에는 주로 바다에서 고기잡이를 하며 살았습니다.　　　　　　　　(　　　)
(2) 오늘날에는 탄광이 문을 닫으면서 산을 깎아서 스키장을 만들기도 합니다.　　(　　　)

들이 펼쳐진 지역의 특징과 변화

6 들이 펼쳐진 지역에서 볼 수 있는 모습을 알맞게 말한 친구를 골라 ○표 하시오.

(1)

(2)

(　　　)　　　　　　　(　　　)

7 들이 펼쳐진 지역 사람들이 하는 일로 알맞지 <u>않은</u> 것을 (보기)에서 골라 기호를 쓰시오.

(보기)
ㄱ 회사나 공장에서 일한다.
ㄴ 축사에서 소나 돼지와 같은 가축을 기른다.
ㄷ 비닐하우스에서 곡식이나 채소를 재배한다.
ㄹ 갯벌에서 조개나 낙지 등의 해산물을 잡는다.

( )

바다가 있는 지역의 특징과 변화

8 다음과 같은 모습을 볼 수 있는 지역의 특징을 알맞게 말한 친구를 골라 이름을 쓰시오.

• 현규: 바닷길을 안내하는 등대가 있습니다.
• 윤경: 사람들은 주로 논에서 농사를 짓습니다.

( )

9 바다가 있는 지역의 모습으로 알맞은 것을 골라 ○표 하시오.

(1)

▲ 양 목장
( )

(2)
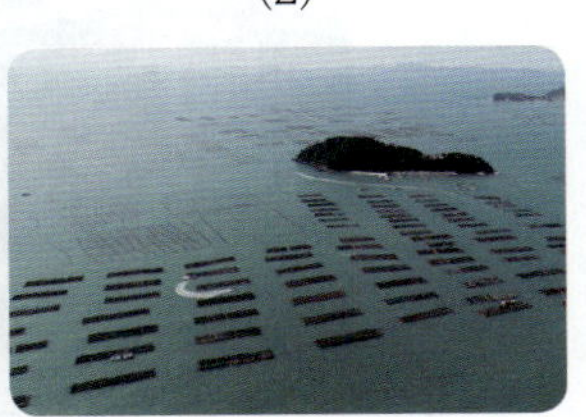
▲ 전복 양식장
( )

환경 개발에 따른 지역 변화와 바람직한 방향

10 환경의 이용과 개발 모습에 대한 설명으로 알맞은 것에 ○표, 알맞지 <u>않은</u> 것에 ×표 하시오.

(1) 사람들은 환경을 이용하고 개발하며 살아갑니다.
( )

(2) 오늘날에는 인문환경보다 자연환경이 사람들의 생활에 미치는 영향이 커지면서 지역의 모습이 바뀌었습니다.
( )

11 환경의 개발로 나타나는 긍정적 영향에 대한 설명으로 알맞은 것을 (보기)에서 모두 골라 기호를 쓰시오.

(보기)
ㄱ 지역의 경제가 성장한다.
ㄴ 도로를 만들어 교통이 발달한다.
ㄷ 이동 시간이 늘어나고 교류가 줄어든다.
ㄹ 간척 사업을 하면 갯벌의 면적이 늘어나 생태계가 살아난다.

( )

12 다음 ( ) 안에 공통으로 들어갈 말을 쓰시오.

• 도로나 댐 건설로 동물들이 사는 곳과 길을 잃는 것을 방지하기 위해 ( )을/를 만듭니다.
• ( )은/는 야생 동물들이 자유롭게 이동할 수 있도록 도로 위로 산과 연결하여 다리를 놓거나 도로 아래로 굴을 파서 마련해 놓은 통로입니다.

( )

도시의 의미와 특징

1 다음 (　　) 안에 들어갈 알맞은 말을 골라 ○표 하시오.

> 도시는 인구가 (많고 , 적고), 산업이 발달했으며, 교통이 (편리 , 불편)한 곳입니다. 도시마다 모습과 인구수가 다르고, 교통과 산업 등의 발달 모습이 다양합니다.

2 도시의 특징으로 알맞지 <u>않은</u> 것을 (보기)에서 골라 기호를 쓰시오.

> (보기)
> ㉠ 높은 건물이 많다.
> ㉡ 다양한 산업이 나타난다.
> ㉢ 회사나 공장을 찾아보기 힘들다.
> ㉣ 크고 작은 도로가 많고 교통이 발달했다.

(　　　　　　　　)

3 도시에 대해 알맞게 설명한 친구를 골라 이름을 쓰시오.

(　　　　　　　　)

---

4 도시에서 주로 볼 수 있는 모습으로 알맞지 <u>않은</u> 것은 어느 것입니까? (　　　　)

① 아파트　　　　② 공공 기관
③ 계단식 논　　　④ 대형 할인점
⑤ 크고 작은 도로

5 다음 (　　) 안에 들어갈 알맞은 말을 (보기)에서 골라 쓰시오.

> (보기)
> • 교통　　　• 공동 주택　　　• 미세 먼지

⑴ 도시 사람들은 주로 아파트나 연립 주택 등의
(　　　　　　　　)에 삽니다.
⑵ 도시를 중심으로 공항, 기차역, 버스 정류장 등 (　　　　　　　　)와/과 관련 있는 시설이 많습니다.

우리나라의 여러 도시

6 다음 (　　) 안에 들어갈 알맞은 말을 쓰시오.

> 울산광역시는 우리나라의 대표적인 (　　　　) 도시입니다. 큰 항구를 바탕으로 석유 화학, 자동차, 선박, 철강과 같은 산업이 발달했습니다.

▲ 자동차 공장

▲ 조선소

(　　　　　　　　)

7 다음 (   ) 안에 들어갈 알맞은 말을 골라 ○표 하시오.

　　서귀포시는 우리나라 가장 남쪽에 있는 도시로, 세계 자연유산으로 등재된 (설악산 , 한라산)을 비롯해 특별한 자연환경을 보러 많은 사람이 방문합니다.

8 다음에서 설명하는 우리나라의 도시를 쓰시오.

　　새롭게 계획해 만든 우리나라 행정의 중심이 되는 도시로, 주요 공공 기관이 모여 있습니다.

(　　　　　　　　　)

도시의 생활 모습

9 다음 ㉠, ㉡에 들어갈 알맞은 말을 쓰시오.

　　도시에는 시청, 소방서 등 다양한 (　㉠　) 기관이 있고, 박물관, 공연장 등의 (　㉡　) 시설이 많이 있어서 사람들이 생활하기에 편리합니다.

㉠ (　　　　　　), ㉡ (　　　　　　)

---

10 도시와 촌락의 인구에 대해 알맞게 말한 친구를 골라 ○표 하시오.

(1)

(　　　　　)

(2)

(　　　　　)

11 도시 생활의 문제점에 해당하지 <u>않는</u> 것은 어느 것입니까? (　　　　)

① 교통 혼잡　　　　② 일손 부족
③ 주택 부족　　　　④ 환경 오염
⑤ 주차 공간 부족

12 다음은 어떤 종류의 도시 문제를 해결하기 위한 노력인지 쓰시오.

　• 낡은 주택을 고치거나 주택을 새로 짓습니다.
　• 나라에서 주택을 지어 주변보다 낮은 가격에 사람들에게 제공하여 사람들이 집을 쉽게 구할 수 있게 합니다.

(　　　　　　　　　)

3 단원 A단계

1 자연환경의 모습으로 알맞은 것은 어느 것입니까?
(　　　)

① 
▲ 건물

② 
▲ 다리

③ 
▲ 들

④ 
▲ 도로

2 인문환경으로 알맞은 것을 〈보기〉에서 모두 골라 기호를 쓰시오.

〈보기〉
㉠ 논　　　　　㉡ 산
㉢ 공원　　　　㉣ 하천

(　　　　　　　　)

3 다음 사진과 관련해 산이 많은 지역의 모습으로 알맞은 것은 어느 것입니까? (　　　)

① 도로와 아파트가 많다.
② 소금을 얻을 수 있는 염전이 있다.
③ 배가 드나들 수 있는 항구가 있다.
④ 비닐하우스에서 곡식이나 채소를 재배한다.
⑤ 높은 산지에서 서늘한 기후를 이용해 농사를 짓는다.

4 사람들이 다음과 같은 일을 하는 지역은 어디입니까? (　　　)

• 버섯을 기르고, 약초를 캡니다.
• 스키장 주변에서 식당을 운영합니다.

① 산이 많은 지역
② 바다가 있는 지역
③ 사막이 있는 지역
④ 도시가 발달한 지역
⑤ 논과 밭이 있는 지역

5 다음 사진과 관련해 바다가 있는 지역의 사람들이 하는 일을 두 가지 쓰시오.

6 다음 사진과 관련해 들이 펼쳐진 지역의 사람들이 하는 일로 알맞은 것은 어느 것입니까? (   )

① 목장에서 양을 기른다.
② 논에서 농사를 짓는다.
③ 염전에서 소금을 얻는다.
④ 양식장에서 김이나 미역을 기른다.
⑤ 산비탈에 스키장을 만들어 이용한다.

7 환경의 이용과 개발 모습에 대한 설명으로 알맞지 <u>않은</u> 것은 어느 것입니까? (   )

① 과거에는 자연환경을 이용하며 생활했다.
② 필요에 따라 계획하여 도시를 만들기도 한다.
③ 사람들은 환경을 이용하고 개발하며 살아간다.
④ 환경을 개발하면 사람들의 생활이 편리해지고 피해가 사라진다.
⑤ 오늘날에는 자연환경보다 인문환경이 사람들의 생활에 미치는 영향이 커졌다.

8 다음 (   ) 안에 들어갈 알맞은 말을 쓰시오.

> 영종도를 (   )하고, 인천국제공항이 들어서면서 인구가 많이 늘어났습니다. 하지만 갯벌의 면적이 줄어들고, 주변 지역에 사는 사람들이 비행기 소음으로 피해를 보기도 합니다.

(   )

9 환경의 개발로 나타나는 긍정적 영향으로 알맞은 것을 (보기)에서 모두 골라 기호를 쓰시오.

> ──(보기)──
> ㉠ 사람과 물건의 이동 시간이 줄어든다.
> ㉡ 생활에 필요한 서비스나 시설을 이용할 수 있다.
> ㉢ 공장이나 가정에서 배출하는 폐수로 하천이나 강이 오염된다.
> ㉣ 도로를 만들면 숲이 줄어들고 다양한 생물이 살아갈 공간이 줄어든다.

(   )

서술형

10 다음 사진을 보고 알 수 있는 도시의 특징을 두 가지 쓰시오.

____

____

11 도시에 대한 설명으로 알맞은 것에 ○표, 알맞지 <u>않은</u> 것에 ×표 하시오.

⑴ 상점, 병원 등의 편의 시설이 적습니다.

( )

⑵ 편리한 교통으로 사람과 물건이 이동하기 쉬워지면서 다양한 산업이 나타납니다. ( )

12 도시에 사는 사람들의 모습으로 알맞은 것을 골라 ○표 하시오.

(1)

▲ 염전에서 소금 얻기

( )

(2)

▲ 회사에서 일하기

( )

13 다음에서 설명하는 우리나라의 도시를 쓰시오.

▲ 광화문

▲ 국회의사당

우리나라 수도로 정치, 경제, 문화 등이 골고루 발달한 도시입니다.

( )

14 다음 ( ) 안에 들어갈 알맞은 말을 골라 ○표 하시오.

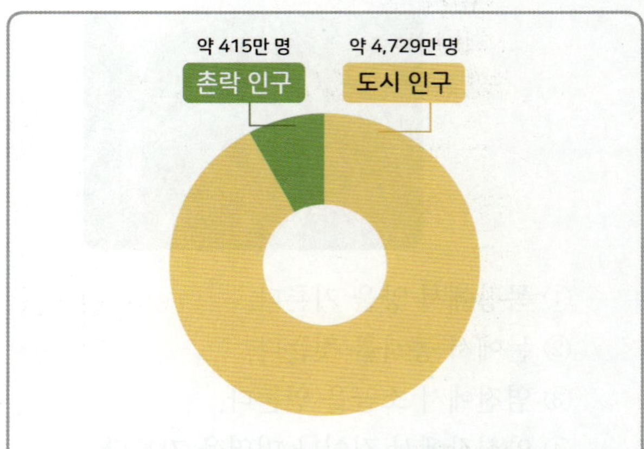

도시에는 도시의 면적에 비해 너무 (많은 , 적은) 사람이 모여 살고 있어 도시 문제가 발생하기도 합니다.

서술형
15 다음 그림과 같은 도시 문제를 해결하기 위한 노력을 두 가지 쓰시오.

____

____

백점 **사회** 4·2

초등학교   학년   반   번   이름

백점

사회 4·2

해설북

- 한눈에 보이는 **정확한 답**
- 한번에 이해되는 **자세한 풀이**

모바일 빠른 정답

동아출판

백점 사회 빠른 정답

QR코드를 찍으면 **정답과 풀이**를 쉽고 빠르게 확인할 수 있습니다.

1. 민주주의와 자치

1회 문제 학습   10~11쪽

1 모든 사람   **2** 나라   **3** 의견   **4** 대화

5 민주주의   **6** 동연   **7** ㉠, ㉡   **8** 회의
9 투표   **10** 민주주의의 모습이 맞습니다. ⑩ 구성원이 직접 공동의 일을 의논하고 결정하기 때문입니다.   **11** ⑵ ○   **12** 하은   **13** 다수결의 원칙

5 모든 구성원이 서로의 생각을 존중하면서 의견을 모아 공동의 문제를 해결하는 방식을 민주주의라고 합니다.

6 사회에서 다양한 사람들이 함께 살아가다 보면 생각이 달라 문제가 생기기 때문에 민주주의가 필요합니다.

7 민주주의 사회에서는 구성원 모두가 인간으로서 존중받고, 평등한 입장에서 자신의 의견을 제시하고 자유롭게 행동할 수 있습니다.

8 학급 회의, 주민 회의, 가족회의는 생활 속에서 볼 수 있는 민주주의 모습입니다.

9 투표는 선거를 하거나 찬성과 반대를 결정할 때에 투표용지에 의사를 표시하여 내는 일을 말합니다.

10 제시된 사례는 학생들이 스스로 중요한 일을 결정하기 때문에 민주주의의 모습이라고 볼 수 있습니다.

채점 기준		
	상	민주주의의 모습이 맞다라고 쓰고, 직접 공동의 일을 의논하고 결정하기 때문이라고 쓴 경우
	중	민주주의의 모습이 맞다라고만 쓴 경우

11 민주주의는 모든 사람이 자유롭고 평등한 입장에서 의사를 결정하는 방식입니다. 따라서 ⑴은 민주주의의 모습에 해당하지 않습니다.

12 민주주의를 실천하려면 상대방을 존중하고 양보해야 하지만 항상 양보하는 태도는 알맞지 않습니다.

13 민주주의를 실천할 때 다수결의 원칙을 이용하기도 합니다. 다수결의 원칙에 따라 결정하더라도 소수의 의견을 존중해야 합니다.

2회 문제 학습   14~15쪽

1 자치회   **2** 학생 참여 예산제   **3** 선거
4 민주주의

5 학교 자치   **6** 우재   **7** 학생 자치회
8 ⑴ ○   **9** ⑩ 반 친구들과 의논해 학급 생활 규칙을 만들고 스스로 지켜나갑니다. 선거에 참여하여 학교의 대표를 직접 뽑습니다.   **10** ⑴ ○
11 학급 회의   **12** ㉠   **13** ㉵

5 학교에서는 더 나은 학교를 만들려고 구성원들이 민주주의를 실천하는 모습을 찾아볼 수 있습니다.

6 학교 자치로 학교의 일을 민주적으로 결정할 때 더 많은 구성원이 만족하는 결과를 얻을 수 있습니다.

7 학생 자치회는 학교생활을 자치적으로 운영하기 위하여 학생들이 만든 학교 안의 모임입니다.

8 ⑵ 학생 자치회는 전교생이 학교 자치에 참여할 수 있는 일을 기획합니다.

9 선거를 통해 학급이나 학교의 대표 뽑기, 학급 회의에서 학급 규칙 만들기, 학생들이 중심이 되어 학교 행사 열기 등과 같은 학교 자치 활동을 통해 학교생활에서 민주주의를 실천할 수 있습니다.

채점 기준		
	상	학교에서 민주주의를 실천하는 모습을 두 가지 모두 쓴 경우
	중	학교에서 민주주의를 실천하는 모습을 한 가지만 쓴 경우

10 지안이가 검색한 내용은 학교에서 민주주의를 실천하는 사례에 해당합니다.

11 학급 회의는 한 학급의 학생들이 모여 어떤 일을 결정하고 실행하기 위하여 의논하는 것입니다.

12 학교의 주인인 학생들이 선거에 참여하여 학교의 대표를 직접 뽑습니다.

13 전교 회장 선거는 '선거 관리 위원회 구성, 후보자 등록, 선거 운동, 후보자 토론, 투표, 개표 및 당선인 결정' 순서로 이루어집니다.

1
단원

개념북

3회 문제 학습 18~19쪽

1 확인 **2** 탐색 **3** 민주적인 **4** 결과

5 문제 **6** 탐색 **7** ㉢ **8** ㉤

9 예 해결 방안을 결정하는 모습입니다. **10** ㉣
→ ㉢ → ㉠ → ㉡ **11** (1) ○ **12** 동환

5 제시된 내용은 학교에서 해결해야 할 문제를 확인하는 모습입니다.

6 해결해야 할 문제를 확인한 후에 해결 방안을 탐색합니다. 이때 각자 의견을 제시하고, 각 의견의 장점과 단점을 생각해 볼 수 있습니다.

7 제시된 내용은 의견을 조정하고 민주적인 방법으로 해결 방안을 결정하는 것입니다.

8 민주적인 방법으로 결정한 해결 방안을 실천한 후 결과를 확인합니다.

9 대화와 토론으로 의견을 조정하고 민주적인 방법으로 결정합니다.

채점 tip 해결 방안을 결정하는 모습이라고 썼으면 정답으로 합니다.

이런 답도 가능해!
민주주의 실천 과정 중 해결 방안을 결정하는 모습입니다.

10 학교생활에서 민주주의 실천 과정은 ㉣ 문제를 확인하고, ㉢ 해결 방안을 탐색하기, ㉠ 결정한 해결 방안을 실천하고, ㉡ 결과를 확인하는 순서입니다.

11 학교 자치 활동에 참여하여 내가 다니는 학교의 문제를 해결할 수 있습니다. (2) 학교의 문제는 학교 구성원 모두가 노력하여 해결해야 합니다.

12 의견이 모아지지 않으면 다수결의 원칙을 활용합니다. 해결 방안이 결정되면 잘 따르고 실천합니다.

문제 속 개념
학교 문제의 해결 방안을 결정할 때 주의할 점
- 대화와 토론을 충분히 한 후, 서로 양보하고 협의해 가장 합리적인 해결 방안을 결정합니다.
- 의견이 모아지지 않으면 다수결의 원칙을 활용합니다. 해결 방안이 결정되면 잘 따르고 실천합니다.

4회 문제 학습 22~23쪽

1 주인 **2** 민주주의 **3** 조례 **4** 다르기

5 주민 자치 **6** ④ **7** (2) ○ **8** 축제

9 예산 **10** (1) ㉠ (2) ㉡ **11** 제안

12 서현 **13** 예 지역의 상황을 잘 아는 주민들의 의견을 반영하면 지역의 일이나 문제를 효과적으로 처리할 수 있기 때문입니다.

5 지역에는 많은 사람이 모여 살고 있습니다. 지역 주민들은 서로 힘을 모아 살기 좋은 지역을 만들려고 노력합니다.

6 주민들이 주민 자치에 적극적으로 참여할 때 지역에서 민주주의를 실천할 수 있습니다.

7 주민들이 서로 힘을 모아 지역을 위해 노력할 때 민주주의를 실천할 수 있습니다. (1) 주민들은 공동의 문제를 함께 해결하고 좋은 지역을 만들려고 노력해야 합니다.

8 주민들이 한자리에서 모여 서로 어울리고 단합할 수 있는 축제를 여는 것도 주민 자치의 한 모습입니다.

9 지역에 필요한 예산을 세우는 일에 주민이 직접 참여하여 원하는 사업을 반영하기도 합니다.

10 주민 투표는 선거 이외의 중요한 정책 사항에 대하여 주민이 직접 정치적 의사 결정을 하기 위해 시행하는 투표입니다. 주민 총회는 주민 전체가 모여서 어떤 일에 관하여 의논하는 것입니다.

11 주민들은 생활 속 불편을 개선하거나 필요한 시설을 설치해 달라고 지역 누리집에 글을 올려 제안할 수 있습니다.

12 제시된 자료는 주민이 직접 지역문제 해결에 참여하는 모습이 나타나 있습니다. 지역에서 일어나는 일이나 문제는 지역마다 다릅니다.

13 지역의 일이 지역 주민들의 생활에 영향을 주기 때문에 주민이 직접 지역문제의 해결 과정에 참여해야 합니다.

채점 tip 지역의 상황을 잘 알고 있기 때문에 문제를 효과적으로 처리할 수 있다고 썼으면 정답으로 합니다.

1 주민 참여　　2 주민 투표　　3 시민 단체
4 검색

5 참여　　6 서명　　7 ㉣　　8 공청회
9 종호　　10 ⑵ ○　　11 ㉒ 주민들이 직접 투표하여 지역의 중요한 일을 결정합니다.　　12 영주
13 면담

1 주인　　2 좁혀　　3 책임감　　4 평가
5 ㉠, ㉡　　6 참여　　7 ㉒ 지역을 위해 캠페인에 적극적으로 참여하고 있는 모습입니다.　　8 ⑴ ○
9 ⑴ ○　⑵ ×　　10 ㉣　　11 ㉢　　12 민원
13 제안서

5 지역의 일을 논의하거나 해결하는 과정에 주민이 중심이 되어 참여하는 것을 주민 참여라고 합니다.

6 서명은 자기의 이름을 써넣는 것을 말합니다. 주민들은 서명을 모아 의견을 전할 수 있습니다.

7 교육, 환경 등 여러 분야의 시민 단체에 가입해 지역사회의 문제를 해결하기 위해 활동할 수 있습니다.

8 주민들은 공청회에 참여하여 의견을 듣거나 자신의 의견을 직접 제시합니다.

9 지역을 더 살기 좋은 곳으로 만들기 위해 다양한 방법으로 참여할 수 있습니다.

10 공공 기관의 누리집에 지역에 관한 의견을 올리고 민원을 신청합니다. ⑴은 시민 단체 활동에 참여하는 모습입니다.

11 주민들은 직접 투표에 참여하여 지역문제 해결에 참여하기도 합니다.
　채점 tip 주민이 직접 투표하여 참여한다는 내용을 썼으면 정답으로 합니다.

12 지역의 주민으로서 지역문제 해결을 위해 노력해야 합니다.

13 주민 자치 사례를 조사하기 위해 지역의 주민을 직접 만나서 주민 자치에 대해 자세히 물어볼 수 있습니다.

문제 속 개념
주민 자치 사례 조사하기
• 주민 면담하기
• 지역 신문 찾아보기
• 인터넷으로 찾아보기
• 행정 복지 센터 방문하기

1
단원

개념북

5 ㉢ 자기 마을의 이익뿐만 아니라 지역 전체의 주민 모두에게 이익이 되는지 생각하는 자세가 필요합니다.

6 주인 의식을 가지고 지역사회의 문제를 해결하려고 노력하고 적극적으로 참여해야 합니다.

7 제시된 그림은 지역문제 해결을 위해 캠페인에 참여하고 있는 모습입니다.
　채점 tip 캠페인에 적극적으로 참여하고 있다고 썼으면 정답으로 합니다.

8 주민들은 주민 자치에 적극적으로 참여해야 합니다. 모든 주민이 협력하면서 지역의 일에 책임감을 가지고 참여할 때 민주주의를 실현할 수 있습니다.

왜 답이 아닐까?
⑵ 다양한 방법으로 지역의 문제를 해결하기 위해 노력할 수 있습니다. 다른 사람이 해결해 줄 것이라 생각하고 무관심한 태도는 바람직하지 않습니다.

9 지역사회의 문제를 해결하려고 적극적으로 참여해야 합니다.

10 지역문제의 해결 과정은 '지역문제 알아보기 → 문제 해결 방안 탐색하기 → 문제 해결 방안 결정하기 → 문제 해결 방안 실천하기'의 순서로 이루어집니다. ㉣ 지역문제를 파악한 후에 문제 해결 방안을 탐색합니다.

11 결정된 해결 방안을 지역 주민들이 함께 실천하고, 공공 기관에 도움도 요청해야 합니다.

12 민원은 주민이 행정 기관에 대하여 어떤 일을 처리해 달라고 요구하는 일을 말합니다.

13 의견 제안서를 써서 누리집에 올리는 방법으로 지역문제 해결에 참여할 수 있습니다.

7회 마무리 평가 32~35쪽

1 ㉢ **2** (1) ○ **3** ⑤ **4** 동욱 **5 예** 다수결의 원칙에 따라 문제를 해결할 수 있습니다.
6 (1) ○ **7** 학생 자치회 **8** 투표 **9** 선거 관리 위원회 **10** 탐색 **11** 주민 자치
12 ③ **13** 주민 **14** ㉠, ㉡, ㉢ **15** ④, ⑤
16 서명 **17** ① **18** ② **19** (1) ○
20 예 서명 운동을 합니다. 공공 기관 누리집에 의견을 올립니다.

1 민주주의는 모든 사람이 자유롭고 평등한 입장에서 서로의 의견을 모아 의사를 결정하는 방식을 말합니다.

2 민주주의는 모든 구성원이 의견을 모아 공동의 문제를 해결하는 방식이므로 ⑵는 민주주의의 모습에 해당하지 않습니다.

문제 속 개념

민주주의의 의미와 필요성

의미	• 모든 사람이 자유롭고 평등하게 참여하여 공동의 일을 결정하는 것을 말함. • 국민 스스로가 나라의 주인이 되어 중요한 결정을 내리는 활동을 말하기도 함.
필요성	• 사회에서 여러 사람이 함께 살아가다 보면 생각이 달라 문제가 생기기도 함. • 사회 구성원들은 이러한 공동의 문제를 서로 의논하고 협력하면서 해결해 나감.

3 민주주의를 실천하려면 나와 다른 의견을 지닌 상대방도 배려하고 존중해야 합니다.

4 승해 – 더 나은 방향으로 변화하기 위해 적극적으로 참여해야 합니다.

문제 속 개념

민주주의를 실천하는 바람직한 태도

비판적 태도	어떤 사실이나 의견의 옳고 그름을 따져 살펴보아야 함.
대화와 토론	공동의 문제를 민주적으로 해결하려면 충분한 대화가 필요함.
양보와 타협	서로 배려하며 양보하고 타협해야 함.
참여와 실천	함께 결정한 일은 구성원 모두가 따르고 실천해야 함.

5 다수결의 원칙은 다수의 의견이 소수의 의견보다 합리적일 것이라 생각하고 다수의 의견에 따라 결정하는 것입니다.

채점 tip 다수결의 원칙에 따라 문제를 해결할 수 있다고 썼으면 정답으로 합니다.

6 ⑵ 학교의 일을 민주적으로 결정할 때 더 많은 구성원이 만족하는 결과를 얻을 수 있습니다.

7 학교에서 선거로 학교와 학급의 대표를 뽑아 학생 자치회를 만듭니다. 학생 자치회는 전체 학생을 대표해 학교의 일을 토의하고, 학교 규칙을 만드는 활동을 합니다.

8 투표는 선거를 하거나 찬성과 반대를 결정할 때에 투표용지에 의사를 표시하여 일정한 곳에 내는 것을 말합니다.

9 전교 회장 선거 과정도 학교에서 볼 수 있는 민주주의 모습입니다. 선거 관리 위원회는 선거를 관리하고 홍보하는 등 선거에 필요한 일을 합니다.

10 학교생활에서 민주주의를 실천할 때는 문제를 확인하고, 해결 방안을 탐색합니다. 그리고 결정한 해결 방안을 실천하고, 결과를 확인하는 순서입니다.

문제 속 개념

학교생활에서 민주주의 실천 과정

❶ 해결해야 할 문제 확인하기 → ❷ 해결 방안 탐색하기 → ❸ 해결 방안 결정하기 → ❹ 해결 방안 실천하기 → ❺ 결과 확인하기

11 지역 주민이 지역사회의 일을 스스로 결정하고 처리하는 것을 주민 자치라고 합니다. 주민 자치는 민주주의에 바탕을 두고 있습니다.

12 지역문제는 지역 주민과 공공 기관이 협력하여 해결해 나가야 합니다.

왜 답이 아닐까?

③ 지역문제는 시청이나 도청에서 해결해 주지만 지역의 상황을 잘 아는 주민들이 지역문제를 효과적으로 처리할 수 있습니다. 또한 시청이나 도청에서 지역사회의 문제를 잘 해결하는지 살펴봐야 합니다.

13 대부분의 지역문제는 주민들과 직접적으로 관련이 있습니다.

14 ㉣ 우리 지역에서 발생하는 문제는 우리 지역의 공공 기관에 해결해 달라고 요청해야 합니다.

다양한 주민 참여 방법

서명 운동 참여하기	공청회 참여하기
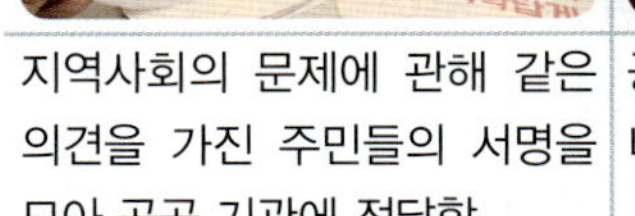	
지역사회의 문제에 관해 같은 의견을 가진 주민들의 서명을 모아 공공 기관에 전달함.	공청회에 참여하여 의견을 듣거나 자신의 의견을 직접 제시함.
주민 투표 참여하기	자원봉사 참여하기

주민들이 직접 투표하여 지역의 중요한 일을 결정함.	교육, 환경, 예술 등 다양한 분야에서 자원봉사 활동을 함.
시민 단체 활동하기	공공 기관 누리집에 의견 올리기
	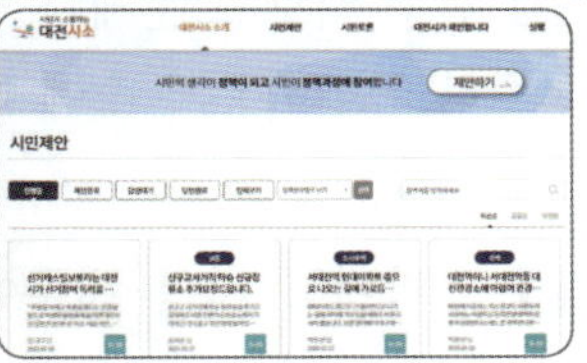
교육, 환경, 경제 등 여러 분야의 시민 단체에 가입해 지역사회의 문제 해결을 위한 활동을 함.	공공 기관의 누리집이나 애플리케이션에 지역에 관한 의견을 올림.

15 시민 단체는 지역과 사회의 문제점을 찾아내거나 해결하기 위해 시민들이 자발적으로 만든 단체입니다. 시민 단체는 경제, 역사, 교육, 환경 등 다양한 분야에서 활동합니다.

- ①, ② 시민 단체는 공공 기관이 아닌, 시민들이 자발적으로 모임을 갖고 활동하는 단체입니다.
- ③ 시민 단체는 교육, 환경, 경제 등 여러 분야에서 활동하고 있습니다.

16 서명 운동은 어떤 주장이나 의견에 대한 찬성의 뜻으로 서명을 받는 것을 말합니다. 지역사회의 문제에 관해 같은 의견을 가진 주민들의 서명을 모아 공공 기관에 전달합니다.

17 ① 백과사전을 살펴보는 것은 주민 자치 사례를 조사하는 방법으로 알맞지 않습니다.

주민 자치 사례 조사하기

인터넷으로 찾아보기	행정 복지 센터 방문하기

우리 지역 공공 기관 누리집에서 '주민 자치'를 검색함.	행정 복지 센터에 방문해서 주민 자치 사례를 확인함.
주민 면담하기	지역 신문 찾아보기

주민 자치에 활발하게 참여하는 지역 주민을 만나 면담함.	우리 지역 신문에서 주민 자치와 관련 있는 기사를 찾아봄.

18 ② 지역사회의 문제가 있을 때는 다른 사람이 해결하기를 기다리기보다 문제 해결을 위해 적극적으로 참여해야 합니다.

19 우리 지역을 잘 알고 있는 주민이 문제 해결에 앞장서야 합니다.

주민 자치에 참여하는 태도

- 주인 의식
- 관심과 참여
- 대화와 토론
- 협력

20 이외에도 시민 단체 활동에 참여하거나 캠페인 활동을 할 수 있습니다.

채점 기준	상	지역문제를 해결하기 위해 주민들이 할 수 있는 일을 두 가지 모두 정확히 쓴 경우
	중	지역문제를 해결하기 위해 주민들이 할 수 있는 일을 한 가지만 정확히 쓴 경우

2. 지역문제를 해결하고 지역을 알리는 노력

1회 문제 학습   40~41쪽

1 지역문제   **2** 교통   **3** 소음   **4** 다양하게

5 지역문제   **6** ②   **7** ②   **8** (1) ⓒ (2) ㉠

9 ㉣   **10** ㉢   **11 예** 지역문제는 지역의 상황에 따라 서로 다르게 나타납니다.   **12** 민규

13 (2) ○

5 지역 주민의 생활을 불편하게 하거나 지역 주민들 사이에 갈등을 일으키는 문제를 지역문제라고 합니다.

6 ② 최근 반려동물의 수가 증가하면서 이와 관련된 지역문제가 나타나기도 합니다.

7 ② 성적 문제는 개인의 문제에 해당합니다.

8 (1) 지어진 지 오래된 주택이 많아 생활하기 불편한 것은 주택 문제입니다. (2) 도로나 인도 주변의 울타리가 훼손되거나 환풍구 덮개가 열려 있어서 위험한 것은 안전 문제입니다.

9 시설 부족 문제는 고속버스 터미널이나 도서관과 같은 시설이 부족하여 불편한 지역문제입니다.

10 하천 오염과 쓰레기 분리배출이 제대로 되지 않는 것과 관련된 지역문제는 환경 문제입니다.

11 제시된 그림은 교통이 혼잡한 문제와 환경 오염 문제를 나타냅니다. 지역문제는 지역의 상황에 따라 서로 다르게 나타날 수 있습니다.

> **채점 tip** 지역문제는 지역마다 서로 다르게 나타난다는 내용을 썼으면 정답으로 합니다.

12 친구들은 국가유산 훼손 문제에 대해 대화하고 있습니다. 국가유산 훼손은 지역문제로 우리의 생활에 영향을 줍니다.

13 지역문제를 해결하면 주민들의 삶이 나아질 수 있기 때문에 주민들이 관심을 가지고 문제 해결에 참여해야 합니다.

2회 문제 학습   44~45쪽

1 확인   **2** 경험한   **3** 원인   **4** 해결 방안

5 ①   **6** ②   **7** 면담   **8** 자료   **9** (2) ○

10 상철   **11 예** 직접 관찰합니다. 지역 주민과 면담합니다.   **12** 설문 조사   **13** ⓒ, ㉣

5 제시된 내용은 '지역문제 확인하기' 단계에 해당합니다.

6 지역문제는 우리 지역을 직접 살펴보거나, 신문이나 누리집에서 확인할 수 있습니다.

7 우리 지역의 주민과 면담을 하여 우리 지역의 문제가 무엇인지 알아볼 수 있습니다.

8 자료를 수집하고 분석하여 지역문제가 발생한 원인을 찾으면 알맞은 해결 방법을 마련할 수 있습니다.

9 신문의 내용을 보면 ○○ 지역의 쓰레기 발생량이 늘어나는 것을 알 수 있습니다.

> **왜 답이 아닐까?**
>
> (1) 최근 일회용품을 사용하는 사람이 많아지면서 ○○ 지역의 쓰레기양이 크게 늘고 있습니다.

10 전동 킥보드 문제가 발생하는 원인을 알아볼 때 다른 나라의 이용자 수에 대해 찾아보는 것은 알맞지 않습니다.

11 이외에도 지역 신문에서 찾아보거나 누리집에서 통계 자료를 찾아볼 수 있습니다.

채점 기준	상	지역문제의 발생 원인을 파악하는 방법을 두 가지 모두 정확히 쓴 경우
	중	지역문제의 발생 원인을 파악하는 방법을 한 가지만 정확히 쓴 경우

> **이런 답도 가능해!**
>
> 지역 신문에서 지역문제와 관련된 기사를 찾아봅니다. 누리집에서 지역문제와 관련된 통계 자료를 찾아봅니다.

12 지역문제의 발생 원인을 조사하기 위해 설문 조사를 할 수 있습니다. 설문 조사는 통계 자료를 얻으려고 어떤 주제에 대해 문제를 내어 묻는 조사를 말합니다.

13 자동차 수와 주차 공간의 수를 비교하면 우리 지역의 주차 문제가 얼마나 심각한지 알 수 있습니다.

1 방안　**2** 캠페인　**3** 장단점　**4** 다수결

5 탐색　**6** 해결　**7** 쓰레기　**8** ④
9 (1) ○　**10** ㉠, ㉢, ㉣　**11** 예 쓰레기의 양이 줄어들 수 있습니다. 효과가 나타날 때까지 시간이 오래 걸릴 수 있습니다.　**12** (1) ㉠ (2) ㉡
13 ②

5 제시된 그림은 지역문제의 해결 방안을 탐색하기 위해 주민 회의를 하는 모습입니다. 지역문제의 발생 원인을 알아본 후에는 그에 알맞은 해결 방안을 탐색해야 합니다.

6 여러 해결 방안 중에서 각 해결 방안의 장점과 단점을 비교하여 합리적인 방안으로 결정해야 합니다.

7 제시된 내용은 공원에서 발생하는 쓰레기 문제를 해결하기 위한 방안입니다.

8 은유가 사는 지역에서는 통학로 안전 문제가 나타나고 있습니다. 통학로 안전 문제를 해결하기 위해 신호등을 설치하거나 교통안전 도우미의 활동 시간을 늘릴 수 있습니다.

9 지역문제를 해결하기 위해서는 문제 발생 원인을 파악할 수 있는 자료를 수집하고 분석해야 합니다.

10 ㉡ 다른 지역에 쓰레기를 몰래 버리는 행동은 문제를 해결하기 위한 적절한 방안이 아닙니다.

11 캠페인을 하는 것은 쓰레기양을 줄일 수 있지만 효과가 나타나는 데에는 시간이 오래 걸릴 수 있습니다.

채점 기준	상	캠페인을 하는 방안의 장점과 단점을 모두 알맞게 쓴 경우
	중	캠페인을 하는 방안의 장점과 단점 중 한 가지만 알맞게 쓴 경우

12 주차 문제를 해결하는 방안으로 공영 주차장을 새로 건설하거나 공공 기관의 주차장을 개방하여 주차 공간을 늘릴 수 있습니다.

13 ② 해결 방안을 결정할 때는 많은 사람의 의견을 따라 결정하되 소수의 의견도 존중해야 합니다.

1 실천　**2** 공공 기관　**3** 많습니다　**4** 누리집

5 안내문　**6** ⑤　**7** ④　**8** 여경　**9** (1) ○
10 ③　**11** ②　**12** (2) ○　**13** 예 포스터를 만들어 지역 주민들이 지역의 일에 관심을 가질 수 있도록 합니다.

2
단원
개념북

5 지역문제 해결을 위해 안내문을 만들어 나누어 줄 수 있습니다.

6 경고판을 설치하여 쓰레기 무단 투기 금지를 안내할 수 있습니다.

7 제시된 영상의 내용이 올바른 재활용품 분리배출 방법이기 때문에 쓰레기 문제를 해결하기 위한 노력임을 알 수 있습니다.

8 지역의 모든 주차장을 무료로 개방해 달라고 글을 올리는 것은 알맞지 않습니다.

9 제시된 그림은 공공 기관 누리집에 올라온 올바른 쓰레기 배출 캠페인 내용입니다.

10 캠페인 활동을 통해 지역 주민들이 지역문제에 관심을 갖게 되고, 지역 주민들의 생각과 행동을 바꿀 수 있습니다.

11 주민들은 지역의 일에 관심을 가지고 함께 참여하여 해결하려는 태도를 지녀야 합니다.

12 지역에서 일어나는 문제는 어느 한 사람의 노력만으로는 해결하기 어려운 것이 많습니다. 지역 주민 모두가 관심을 갖고 문제를 해결하려고 노력해야 합니다.

13 지역문제의 해결 방안을 결정했다면, 결정된 해결 방안을 지역 주민들이 함께 실천하고 공공 기관에 도움도 요청합니다.

> 채점 tip 캠페인 참여하기, 누리집에 건의하는 글 올리기 등의 방법을 썼으면 정답으로 합니다.

이런 답도 가능해!
- 지역문제의 해결 방안을 적극적으로 실천합니다.
- 주민들을 대상으로 지역문제 해결에 참여하자는 캠페인을 합니다.

5회 문제 학습 56~57쪽

1 특성 **2** 문화 **3** 생산물 **4** 소식지

5 (1) × (2) ○ **6** ② **7** ② **8** ㉠
9 ② **10** ㉠ **11** ⑩ 이중섭 거리는 문화와
관련 있는 특성입니다. **12** 생산물 **13** ②

5 자연환경, 역사, 문화, 생산물 등 각 지역은 다른 지
역과 구분되는 고유한 특성이 있습니다.

문제 속 개념

지역을 나타내는 특성

자연환경	산, 들, 하천, 바다 등 땅의 생김새와 아름다운 자연환경
역사	지역의 대표적인 국가유산, 역사적 사건이나 인물 등
문화	지역의 유명한 관광지, 음악, 미술 등
생산물	지역에서 많이 생산되는 물건, 음식, 전통 공예품 등

6 지역을 방문한 경험을 통해 지역마다 고유한 자연환
경이 있다는 것을 알 수 있습니다.
7 각 지역은 다른 지역과 구분되는 자연환경, 역사, 문
화, 생산물 등 그 지역만의 고유한 특성이 있습니다.

왜 답이 아닐까?

㉣ 공공 기관은 공적인 업무를 수행하는 기관으로, 지역을 나
타내는 특성으로 보기 어렵습니다.

8 경주 불국사와 연천 전곡리 선사 유적지는 역사적 특
성과 관련 있습니다.
9 보성 녹차와 이천 도자기는 지역의 생산물입니다.
10 문화 예술 축제인 광주 비엔날레는 지역을 대표하는
문화적 특성입니다.
11 이중섭 거리는 서귀포의 문화적 특성입니다.

채점 tip 문화와 관련 있다고 썼으면 정답으로 합니다.

이런 답도 가능해!

문화적 특성에 해당합니다.

12 김제 쌀은 김제시의 생산물입니다.
13 ② 동화책에서는 우리 지역을 대표하는 것을 조사하기
어렵습니다.

6회 문제 학습 60~61쪽

1 나전칠기 **2** 공주 **3** 소리 **4** 주상 절리

5 통영 **6** ⑩ 통영은 바다가 많기 때문에 나전의
재료인 조개나 전복 껍데기를 쉽게 구할 수 있기 때문
입니다. **7** 종이 **8** (1) ㉠ (2) ㉡ **9** 공주
10 (2) ○ **11** 제주특별자치도 **12** 성산
일출봉 **13** (1) ○

5 나전칠기와 한려 해상 국립 공원이 유명한 곳은 통영
입니다.
6 통영은 바다가 많기 때문에 전복, 조개 껍데기 등을
많이 구할 수 있고, 이것으로 만든 나전칠기가 유명
해졌습니다.

채점 tip 조개나 전복 껍데기를 쉽게 구할 수 있기 때문이라고
썼으면 정답으로 합니다.

7 전주는 한지와 부채 등 종이와 관련된 문화가 발달했
습니다.
8 통영은 굴, 전주는 판소리가 유명합니다.
9 공주는 백제의 수도였던 지역으로, 공주에는 국가유
산이 많이 남아 있습니다.
10 공주에는 무령왕릉, 공산성 등의 국가유산이 있습니
다. (1) 통영에 대한 설명입니다.
11 제주특별자치도는 화산이 폭발하면서 만들어진 섬으
로, 이와 관련된 지형을 많이 볼 수 있습니다.
12 성산 일출봉은 제주특별자치도에 있는 분화구입니
다. 분화구는 땅속 마그마가 용암이나 화산 가스를
땅 위로 분출하는 구멍을 말합니다.
13 감귤은 제주특별자치도의 생산물, 한라산은 제주특
별자치도의 자연환경에 해당합니다.

문제 속 개념

제주특별자치도의 특성

감귤	한라산
제주특별자치도는 날씨가 따뜻해 감귤이 잘 자람.	정상에 백록담이 있는 화산이 폭발하면서 만들어진 산

1 노력　**2** 축제　**3** 문화　**4** 상징물

5 축제　**6** (1) ×　(2) ○　**7** 솔아　**8** 박람회　**9** (1) ○　**10** 강릉　**11** 예 지역에 전해 내려오는 역사를 보존하고 알리려고 상징물을 만들기도 합니다.　**12** (1) ㉡　(2) ㉠　**13** 상징물 (상징 마크)

5 각 지역은 자연환경을 체험하고 감상할 수 있는 축제를 열거나, 관광 상품을 개발하기도 합니다.

6 각 지역은 자연환경, 역사, 문화 등을 알리기 위해 노력합니다.

7 각 지역은 생산물을 알리려고 박람회, 축제, 직거래 장터 등을 열기도 합니다.

8 김제시는 생산물인 쌀을 알리고 판매하기 위해 박람회를 열기도 합니다.

9 지역의 박물관에서 지역을 더욱 이해할 수 있습니다.

10 강릉에는 소나무가 많아서 이를 이용하여 지역을 알리고 있습니다.

11 역사를 알리려고 상징물을 만들거나 캐릭터를 만들기도 합니다.

　채점 tip 상징물이나 캐릭터를 만들기도 한다고 썼으면 정답으로 합니다.

12 무주 반딧불 축제는 자연환경과, 당진 기지시 줄다리기 민속 축제는 문화와 관련 있습니다.

문제 속 개념

지역을 알리는 방법, 축제

무주 반딧불 축제	당진 기지시 줄다리기 민속 축제

청정 지역에서만 서식하는 반딧불이를 주제로 하는 축제로, 빛을 직접 체험할 수 있음.	마을의 안녕과 풍년을 비는 행사로, 500여 년이 넘게 이어오고 있음.

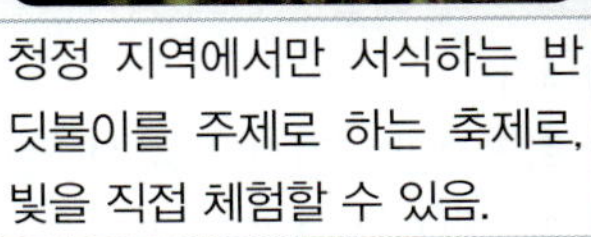

13 생산물을 활용한 상징물을 만들거나 상품을 개발해 판매하기도 합니다.

1 이해　**2** 자부심　**3** 만화　**4** 기사

5 (1) ×　(2) ○　**6** ㉡, ㉢　**7** ㉣　**8** ④　**9** ①　**10** 예 홍천은 자연환경이 아름답습니다.　**11** 동연　**12** (2) ○　**13** 안내도

5 우리 지역의 자랑거리를 알리는 활동을 통해 우리 지역을 더 깊이 이해할 수 있습니다.

문제 속 개념

우리 지역을 알리는 것이 중요한 까닭

- 우리 지역의 자랑거리를 알리는 활동을 통해 우리 지역을 더 깊이 이해할 수 있습니다.
- 지역이 널리 알려지면 많은 사람이 지역을 방문해 지역이 경제적으로 발전할 수 있습니다.
- 지역 사람들은 자부심을 가질 수 있고, 지역의 문화는 오랫동안 이어질 수 있습니다.

6 우리 지역의 자랑거리를 알리는 활동을 통해 많은 사람이 지역을 방문해 지역이 경제적으로 발전할 수 있습니다.

7 우리 지역을 소개할 때는 지역의 특징, 자연환경, 생산물, 역사 등과 관련 있는 내용을 담아서 소개합니다.

8 우리 지역의 유명한 관광지를 홍보하는 영상을 만들 수 있습니다.

9 그림을 그리고 말풍선이나 설명을 넣어 지역의 자랑거리를 만화로 꾸밀 수 있습니다.

10 친구들이 만든 포스터에 산과 강이 아름다운 지역이라고 써져있는 것을 통해 홍천의 특성을 알 수 있습니다.

　채점 tip 자연환경인 산과 강이 아름답다는 내용과 관련해 썼으면 정답으로 합니다.

11 우리 지역을 소개하는 안내도 만들기, 사진전 열기, 축제 초대장 만들기 등을 할 수 있습니다.

12 제시된 자료는 담양을 소개하는 글을 사회 관계망 서비스에 올려 사람들에게 소개하는 내용입니다.

13 우리 지역의 자랑거리를 백지도에 표시하여 안내도를 만들어 우리 지역을 소개할 수 있습니다.

9회 마무리 평가 70~73쪽

1 지역문제 **2** 예 주변을 둘러보며 지역문제를 직접 찾아봅니다. 지역 주민을 만나 지역문제에 대해 면담합니다. **3** ② **4** ③ **5** 주민 **6** ⓜ **7** ⓛ **8** ① **9** ④ **10** 하은 **11** ⓔ **12** ② ○ **13** ④ **14** 지연 **15** ③ **16** 생산물 **17** 예 지역 사람들이 자부심을 가질 수 있고, 지역의 문화는 오랫동안 이어질 수 있기 때문입니다. 지역이 널리 알려지면 많은 사람이 지역을 방문하기 때문입니다. **18** 축제 **19** 인삼 **20** 예 지역을 대표하는 상징물을 만들어 지역을 알리기 위해서입니다.

1 사람들이 함께 살아가다 보면 여러 가지 지역문제가 생깁니다.

2 지역문제는 관찰하기, 면담하기, 뉴스나 신문 찾아보기, 누리집 방문하기 등의 방법으로 확인할 수 있습니다.

채점 기준	상	지역문제 확인 방법을 두 가지 모두 정확히 쓴 경우
	중	지역문제 확인 방법을 한 가지만 정확히 쓴 경우

문제 속 개념

지역문제 확인하기

직접 찾아보기	지역 주민 면담하기

우리 지역에 어떤 문제가 있는지 직접 찾아봄.	지역 주민을 만나 불편하다고 느끼는 점에 대해 면담함.

지역 신문이나 뉴스 찾아보기	시·도청 누리집 방문하기

지역문제를 다룬 지역 신문이나 뉴스를 살펴봄.	시·도청 누리집에서 지역 주민이 올린 글을 찾아봄.

3 ② 아침에 일찍 일어나지 못하는 것은 개인의 문제입니다.

문제 속 개념

지역문제의 의미와 특징

의미	지역 주민의 생활을 불편하게 하거나 지역 주민들 사이에 갈등을 일으키는 여러 가지 문제
특징	• 사람들이 함께 살아가다 보면 지역문제가 생김. • 지역의 지리적, 환경적, 사회적, 역사적 특징에 따라 다양한 문제가 발생함.

4 지역문제에는 시설 부족 문제, 환경 문제, 안전 문제, 소음 문제, 국가유산 훼손 문제 등이 있습니다.

5 대부분의 지역문제는 주민들과 직접적으로 관련이 있습니다.

6 지역문제의 해결 과정은 '지역문제 확인하기 → 문제 발생 원인 파악하기 → 문제 해결 방안 탐색하기 → 문제 해결 방안 결정하기 → 문제 해결 방안 실천하기'의 순서로 이루어집니다.

문제 속 개념

지역문제의 해결 과정

❶ 지역문제 확인하기	지역문제 중 피해가 심각한 문제나 직접 경험한 문제 등을 고려하여 선택함.
❷ 지역문제 발생 원인 파악하기	문제 발생 원인을 파악하기 위해서 자료를 수집하고 분석함.
❸ 지역문제 해결 방안 탐색하기	문제 발생 원인을 바탕으로 지역문제를 해결할 수 있는 방안을 찾음.
❹ 지역문제 해결 방안 결정하기	해결 방안의 장점과 단점을 비교하고, 대화와 타협을 통해 해결 방안을 결정함.
❺ 지역문제 해결 방안 실천하기	결정된 해결 방안을 지역 주민들이 함께 실천하고, 공공 기관에 도움을 요청함.

7 제시된 내용은 시간을 두고 대화와 타협으로 의견을 조정하여 해결 방안을 결정하는 과정입니다.

문제 속 개념

해결 방안을 선택할 때 주의할 점

• 다양한 해결 방안이 제시되면 각 해결 방안의 장단점을 비교하고 부족한 점을 보완합니다.
• 대화와 토론을 통해 가장 합리적인 해결 방안을 선택합니다.
• 해결 방안이 실제로 실천 가능한지 따져 봅니다.
• 많은 사람이 원하는 것으로 결정하는 다수결의 원칙에 따르되, 소수의 의견도 존중해야 합니다.

8 주민들은 지역의 일에 항상 관심을 가져야 하며, 지역문제는 주민 모두의 지속적인 참여로 해결할 수 있습니다.

9 지역 주민이 모여 자유롭게 의견을 말하면서 해결 방안을 찾는 것은 해결 방안 탐색 단계에 해당합니다.

지역문제에 대한 해결 방안

통학로 안전 문제

- 신호등을 설치합니다.
- 교통안전 도우미의 활동 시간을 늘립니다.

공원 쓰레기 문제

- 공원에 쓰레기통을 추가로 설치합니다.
- 공원 안에 음식을 먹을 수 있는 공간을 만듭니다.

전동 킥보드 문제

- 보호 장비 착용의 중요성을 알리는 캠페인을 합니다.
- 전동 킥보드 거치대를 추가로 설치합니다.

10 해결 방안에 대한 의견이 서로 다를 때에는 다수결의 원칙에 따라 많은 사람이 원하는 의견으로 결정하되, 소수의 의견도 존중하며 문제를 해결해야 합니다.

11 지역의 특성에는 자연환경, 문화, 역사, 생산물 등이 있습니다.

교통 문제는 지역의 특성으로 보기 어렵습니다. 교통 문제는 지역문제에 해당합니다.

12 여수 오동도는 자연환경, 서귀포 이중섭 거리는 문화와 관련 있는 특성입니다.

13 지역을 조사할 때는 누리집이나 안내 자료, 지역 소식지 등을 찾아볼 수 있습니다.

14 전주에서는 전주의 소리를 알리기 위해 축제를 엽니다. 이를 통해 전주의 문화를 알 수 있습니다.

전주 세계 소리 축제

우리나라는 물론 세계 여러 나라의 전통 음악을 알리고 지켜 나가기 위해 여는 축제입니다.

15 지역에서는 지역 주민들뿐만 아니라 다른 지역 사람들도 직접 참여하고 즐길 수 있는 축제를 열고 있습니다.

지역을 알리는 다양한 방법

- 축제를 열거나 관광 상품을 개발합니다.
- 박물관이나 전시관을 만들거나 상징물을 만듭니다.
- 박람회나 직거래 장터를 열거나 상품을 개발해 판매합니다.

16 보성의 녹차, 제주의 감귤은 각 지역의 생산물입니다.

17 지역을 알리는 것은 우리 지역을 더 깊이 이해할 수 있고, 지역이 경제적으로 발전할 수 있기 때문에 중요합니다.

채점 기준	상	지역을 알리는 것이 중요한 까닭을 두 가지 모두 정확히 쓴 경우
	중	지역을 알리는 것이 중요한 까닭을 한 가지만 정확히 쓴 경우

18 축제를 통해 지역의 자랑거리를 알릴 수 있습니다.

보령 머드 축제

갯벌이 발달한 보령시는 진흙(머드)을 이용한 축제를 엽니다.

19 금산군은 지역 대표 생산물인 인삼을 활용한 상징물을 만들고 상품을 판매하기도 합니다.

20 지역에서는 지역을 알리기 위해 상징물을 만들기도 합니다.

채점 **tip** 지역을 알리기 위해서라는 내용을 썼으면 정답으로 합니다.

3. 다양한 환경과 삶의 모습

1회 문제 학습   78~79쪽

1 환경   **2** 자연환경   **3** 인문환경   **4** 눈

5 환경   **6** (2) ⓒ   **7** (1) ㉠, ㉢ (2) ㉡, ㉣
8 기온   **9** ㈎   **10** ⑩ 사람들이 만든 것이 아닌 자연 그대로 생겨난 것이기 때문입니다.   **11** (1) ○ (2) ×   **12** ②   **13** 현규

5 환경은 사람이 살아가는 데 영향을 주는 우리 주변의 모든 것을 말합니다.

6 산, 들, 하천, 바다와 같은 땅의 생김새는 자연환경에 속합니다. (1) 논은 사람이 만든 것으로 인문환경에 해당합니다.

7 ㉠, ㉢은 자연 그대로 생겨난 자연환경입니다. ㉡, ㉣은 사람들이 만든 인문환경입니다.

문제 속 개념

자연환경과 인문환경

자연환경	자연 그대로 생겨난 환경을 말함.
인문환경	사람들이 만든 환경을 말함.

8 날씨에 영향을 주는 기온은 자연환경에 속합니다. 공기의 온도는 기온입니다.

9 자연환경은 자연 그대로 생겨난 환경을 말합니다. 바다는 자연환경이고, 항구는 인문환경입니다.

10 산, 들, 하천, 바다와 같은 땅의 생김새와 비, 눈, 바람, 기온 등의 날씨에 영향을 주는 것이 자연환경에 속합니다.
채점 ⓣ 자연 그대로 생겨난 것이기 때문이라고 썼으면 정답으로 합니다.

11 지역마다 자연환경이 달라서 인문환경도 다르게 나타납니다. (2) 자연환경에 대한 설명입니다.

12 아파트, 학교, 공원은 인문환경입니다. ② 산은 자연환경입니다.

13 과수원은 사람들이 열매를 얻기 위해 들이나 산에 과실나무를 많이 심어서 가꾸는 밭으로, 인문환경입니다.

2회 문제 학습   82~83쪽

1 풍력 발전기   **2** 계단식 논   **3** 목장   **4** 탄광

5 ④   **6** 은지   **7** ③   **8** ①   **9** 댐, ⑩ 물을 저장하거나 전기를 만듭니다.   **10** ③   **11** ㉢
12 고랭지 밭   **13** 연석

5 산이 많은 지역에서는 산을 이용한 시설이나 자연환경을 볼 수 있습니다.

6 항구는 바다를 이용하는 모습입니다.

7 ③ 양식장에서 김을 기르는 것은 바다가 있는 지역에 사는 사람들이 하는 일입니다.

8 산이 많은 지역의 사람들은 목장에서 소나 양을 키우고, 버섯을 기르며 약초를 캡니다.

9 댐은 강이나 바닷물을 막으려고 쌓은 둑입니다.
채점 ⓣ 댐이라고 쓰고 하는 일을 썼으면 정답으로 합니다.

10 산이 많은 지역에서는 썰매장, 스키장, 밭, 목장 등의 인문환경을 볼 수 있습니다.

11 ㉠은 들이 펼쳐진 지역 사람들이, ㉡과 ㉣은 바다가 있는 지역 사람들이 주로 하는 일입니다.

12 고랭지 밭은 높은 산지에서 볼 수 있는 밭입니다. 여름철 서늘한 기후를 이용하여 배추나 무 등을 재배합니다.

문제 속 개념

고랭지 밭

높은 산지에서 여름철 서늘한 기후를 이용해 농사를 짓기도 합니다. 고랭지 밭에서는 주로 배추나 무를 재배합니다.

13 옛날에는 산비탈에 밭농사를 짓거나 탄광에서 석탄을 캐기도 했습니다. 오늘날에는 석탄 생산량이 줄어들고 광산이 문을 닫고 대신 케이블카가 들어오기도 합니다.

1 도시　　**2** 들이 펼쳐진　　**3** 농사　　**4** 비닐하우스

5 ⑤　　**6** (2) ○　　**7** ⓒ　　**8** ⑤　　**9** (1) ○
10 ④　　**11** 예 지역 사람들은 들에 논과 밭을 만들어 농사를 짓습니다.　　**12** 나주시　　**13** (2) ○

1 등대　　**2** 직판장　　**3** 해산물　　**4** 염전

5 ⓒ　　**6** ⑤　　**7** 바다　　**8** ③　　**9** (1) ○
(2) ×　　(3) ○　　**10** 예 염전에 바닷물을 모아서 소금을 얻습니다.　　**11** 항구　　**12** (2) ○
13 공업

5 논과 밭이 있는 지역의 자연환경은 들이 넓게 펼쳐져 있고 하천이 있습니다.

6 비닐하우스는 들이 펼쳐진 지역에서 볼 수 있습니다. 풍력 발전기는 산이 많은 지역에서 볼 수 있습니다.

문제 속 개념

들이 펼쳐진 지역에서 볼 수 있는 모습
• 넓게 펼쳐진 평야와 논밭을 볼 수 있습니다.
• 강이나 하천, 낮은 산 등이 있습니다.
• 도시가 발달해 사람들이 모여 삽니다.
• 회사와 공장, 아파트 등을 볼 수 있습니다.

7 ⓒ 스키장은 산이 있는 지역에서 볼 수 있는 모습입니다.

8 들이 펼쳐진 지역 사람들은 하천 주변에 공원을 만들어 운동이나 산책을 하는 곳으로 이용합니다.

9 들이 펼쳐진 지역에 사는 사람들은 회사나 공장에서 일하기도 합니다. (2) 산이 있는 지역 사람의 모습입니다.

10 ④ 염전에서 소금을 얻는 일은 바다가 있는 지역에 사는 사람들이 하는 일입니다.

11 이외에도 지역 사람들은 들에 도로와 아파트, 건물 등을 만듭니다.
채점 tip 논과 밭에서 농사를 짓거나 도로와 아파트 등을 만든다는 내용을 썼으면 정답으로 합니다.

12 넓은 평야가 있다는 점, 영산강이 흐른다는 점, 혁신 도시가 있다는 점을 통해 현우가 사는 지역은 나주시임을 알 수 있습니다.

13 들이 펼쳐진 지역은 사람들이 많이 모여 살면서 회사, 공장, 아파트 등이 생겨났습니다. 또한 대형 할인점이나 박물관 등의 문화 시설도 볼 수 있습니다.

5 ⓒ 스키장은 산이 있는 지역에서 볼 수 있습니다.

6 바다가 있는 지역의 사람들은 바다에서 물고기, 조개 등의 해산물을 잡습니다.

7 바다가 있는 지역의 사람들은 주로 바다와 관련된 일을 합니다.

8 ③ 고랭지 밭은 산이 많은 지역에서 볼 수 있는 모습입니다.

9 바다가 있는 지역 사람들은 바다에서 물고기를 잡거나, 물고기를 잡는 기구를 팔고 수리하기도 합니다.

10 염전은 소금을 만들기 위하여 바닷물을 끌어 들여 논처럼 만든 곳입니다.
채점 tip 염전에서 소금을 얻는다는 내용을 썼으면 정답으로 합니다.

11 바닷가에서는 배가 드나드는 항구를 볼 수 있습니다. 항구에는 방파제, 등대, 건조장 등이 있습니다.

문제 속 개념

항구가 있는 바다

항구에는 방파제나 등대, 수산물 직판장, 건조장 등이 있습니다.

12 물고기 잡기, 전복과 멍게 채취하기, 물고기를 파는 직판장 운영하기 등은 바다가 있는 지역에 사는 사람들이 하는 일입니다.

13 바다가 있는 지역에서는 배를 이용하여 원료와 제품을 실어 나를 수 있기 때문에 공업이 발달하기도 합니다.

5회 문제 학습　94~95쪽

1 자연환경　**2** 긍정적　**3** 매연　**4** 줄어들면서
5 (1) ○ (2) ×　**6** 진우　**7** ④　**8** 줄어듭니다
9 ㉡, ㉣　**10** ㉡　**11** ㉐ 환경을 개발할 때 동물들이 사는 곳과 다니는 길을 잃는 것을 방지하기 위해 생태 통로를 만듭니다.　**12** (2) ○
13 소이

5 (2) 오늘날에는 자연환경보다 인문환경이 사람들의 생활에 미치는 영향이 큽니다.

6 제시된 사진은 사람들이 살기 위해 신도시를 건설한 모습입니다.

문제 속 개념

김포 신도시

김포는 넓은 평야가 있어 예전부터 벼농사가 발달했습니다. 서울에 인구가 많아지면서 사람들이 살 곳을 마련하려고 서울과 가까운 김포에 신도시를 건설했습니다.

7 ④ 환경이 훼손되어 식물이 사라지고 동물이 살 곳을 잃는 문제는 부정적 영향에 해당합니다.

8 교통이 발달하면 이동 시간이 줄어들고 교류가 활발해진다는 긍정적 영향이 있습니다.

9 ㉠, ㉢ 환경을 이용하고 개발하여 여가를 즐길 수 있는 시설과 살 곳이 많아지는 것은 긍정적 영향입니다.

10 영종도는 바다와 갯벌이 있는 지역이었는데, 간척하고 공항이 들어서면서 많은 변화가 생겼습니다.

11 도로가 들어서면서 동물들이 다니던 길이 없어지기도 하기 때문에 이를 방지하기 위해 생태 통로를 만듭니다.
채점 tip 동물들이 다닐 수 있도록 하기 위해서라는 내용을 썼으면 정답으로 합니다.

12 환경을 개발할 때는 개발 과정에서 자연을 훼손하지 않도록 노력해야 합니다.

13 환경의 이용과 개발로 달라진 환경은 사람들에게 많은 영향을 줍니다. 환경을 보전하면서 지속적으로 이용하고 개발할 수 있도록 노력해야 합니다.

6회 문제 학습　98~99쪽

1 도시　**2** 공공 기관　**3** 많습니다　**4** 많은
5 많고, 편리　**6** ①　**7** (1) ○ (2) × (3) ○
8 (2) ○　**9** 2　**10** ㉐ 도시는 사람이 모여 살고, 높은 건물이 많습니다.　**11** ㉠, ㉡　**12** ①
13 (2) ○

5 도시는 사람이 많고, 교통이 편리한 곳입니다.

6 ① 목장은 주로 산이 많은 지역에서 볼 수 있는 시설입니다.

7 도시는 높은 건물이 많고, 크고 작은 도로가 많습니다. (2) 도서관이나 박물관 등의 문화 시설이 많습니다.

8 도시에서는 공연장, 박물관 등의 문화 시설을 볼 수 있습니다. (1)은 바다가 있는 지역의 모습입니다.

9 도시의 모습으로 알맞지 않은 사진은 논, 염전 사진 2장입니다.

10 도시의 면적에 비해 너무 많은 사람이 살고 있기 때문에 좁은 땅을 효율적으로 이용하려고 높은 건물을 짓습니다.
채점 tip 사람들이 모여 살고, 높은 건물이 많다는 내용을 썼으면 정답으로 합니다.

11 도시는 다양한 산업이 나타나고 다양한 시설이 모여 있습니다.

문제 속 개념

도시의 특징

좁은 땅을 효율적으로 이용하려고 높은 건물을 짓습니다.

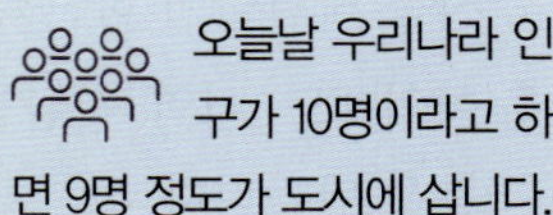
오늘날 우리나라 인구가 10명이라고 하면 9명 정도가 도시에 삽니다.

도시를 중심으로 기차역, 버스 정류장, 공항 등 교통과 관련 있는 시설이 많습니다.

편리한 교통으로 사람과 물건이 이동하기 쉬워지면서 다양한 산업이 나타납니다.

12 ① 바다가 있는 지역에 사는 사람이 하는 일입니다.

13 (1) 농작물을 수확해 시장에 판매하는 사람은 산이나 들이 있는 지역에 사는 사람입니다.

1 서울특별시　　**2** 행정　　**3** 관광　　**4** 대전광역시

5 세종특별자치시　　**6** (1) ○ (2) ×　　**7** ①
8 ③　　**9** ㉠　　**10** ㉢　　**11** 예 대전광역시는 우리나라 교통의 중심이 되는 지역입니다.　　**12** 도윤
13 (1) ○

5 세종특별자치시는 계획도시로, 주요 공공 기관이 모여 있습니다. 이곳에 인구와 시설이 많이 늘고 있습니다.

6 부산광역시는 큰 항구를 중심으로 물류 산업이 발달한 도시입니다. 또한 자동차 공업과 조선 공업 등이 발달하였습니다.

7 속초시는 관광 산업이 발달해 사람들이 많이 찾는 도시입니다.

8 ③ 도시가 개발되면 인구가 많이 늘어납니다.

9 서울특별시는 우리나라 수도로 정치, 경제, 문화 등이 골고루 발달한 도시입니다.

10 울산광역시는 우리나라의 대표적인 공업 도시로, 큰 항구를 바탕으로 석유 화학, 자동차, 선박, 철강과 같은 산업이 발달했습니다.

11 대전광역시는 주요 도로와 철도가 지나가는 도시로, 편리한 교통을 갖추고 있습니다.

채점 tip 편리한 교통, 우수한 과학 연구 기관 등 대전광역시의 특징을 썼으면 정답으로 합니다.

이런 답도 가능해!

대전광역시는 우수한 과학 연구 기관과 많은 기업이 모여 있어 우리나라의 과학 기술 발전을 이끌어 나가고 있습니다.

12 서귀포시는 우리나라 가장 남쪽에 있는 도시로, 세계 자연유산으로 등재된 한라산을 비롯해 특별한 자연환경을 보러 많은 사람이 놀러 갑니다.

13 여수시는 정유 공장이 들어서면서 우리나라 최대의 석유 화학 산업 단지로 성장하였습니다. (2) 성산 일출봉은 서귀포시에 있습니다.

1 편리　　**2** 많은　　**3** 차로제　　**4** 낮은

5 ③　　**6** 동연　　**7** (2) ○　　**8** 환경 문제
9 (1) ㉡ (2) ㉠　　**10** (1) 교통 문제 (2) 주택 문제
11 버스 전용 차로제　　**12** ②, ④　　**13** 예 친환경 자동차를 이용하여 매연을 줄입니다. 쓰레기를 분리배출합니다.

5 도시 사람들은 백화점이나 대형 할인점에서 필요한 물건을 구입합니다.

문제 속 개념

상점이 많은 도시

도시에는 백화점이나 대형 할인점 등이 많아서 필요한 물건을 사기 쉽습니다.

6 도시는 산업이 발달하여 다양한 일자리가 있습니다.

7 도시에서 공연장이나 박물관 등 다양한 문화 시설을 이용할 수 있습니다.

8 도시에 많은 사람이 모여 살면서 공기 오염이나 쓰레기 문제 등이 나타나기도 합니다.

9 오늘날 우리나라의 대부분 인구가 도시에 살고 있습니다.

10 도시에는 좁은 지역에 많은 사람이 모여 살면서 여러 가지 문제가 나타나기도 합니다.

11 버스 전용 차로제는 도시의 교통 문제를 해결하기 위한 노력입니다.

12 도시의 환경 문제를 해결하기 위해 쓰레기를 줄이고, 교통 문제를 해결하기 위해 대중교통을 늘리는 노력이 필요합니다.

13 도시는 매연이나 쓰레기 등으로 주변 환경이 오염되기도 해서 이를 해결하기 위한 노력이 필요합니다.

채점 기준	상	도시의 환경 문제를 해결하기 위한 노력을 두 가지 모두 정확히 쓴 경우
	중	도시의 환경 문제를 해결하기 위한 노력을 한 가지만 정확히 쓴 경우

3 단원
개념북

9회 마무리 평가
108~111쪽

1 ⑤　　**2** (1) ㉠ (2) ㉡　　**3** 📝 지역마다 자연환경과 인문환경이 다르기 때문입니다.　　**4** ⑤
5 ㉣　　**6** ④　　**7** (3) ○　　**8** ④　　**9** 생태 통로
10 동엽　　**11** (1) ○ (2) ×　　**12** ㉡　　**13** 도로
14 (1) ○　　**15** 📝 도시 사람들은 지하철과 버스 같은 교통수단을 이용하여 이동합니다. 공연장이나 박물관 등의 문화 시설을 이용합니다.　　**16** 희연
17 (1) ○　　**18** (2) ○　　**19** (1) 📝 산, 하천 등 (2) 📝 도로, 공원, 다리, 아파트 등　　**20** 📝 회사에서 일합니다. 마트에서 음식이나 물건을 판매합니다.

1 ⑤ 비, 눈, 바람, 기온 등은 날씨에 영향을 주는 자연환경입니다.

> **문제 속 개념**
> **자연환경의 종류**
>
> | 땅의 생김새를 이루는 것 | 날씨에 영향을 주는 것 |
> | --- | --- |
> | ▲ 산 | ▲ 비 |
> | ▲ 바다 | ▲ 눈 |

2 바다, 산 등은 자연 그대로 생겨난 환경입니다. 과수원, 다리, 건물 등은 사람이 만든 환경입니다.

3 지역 사람들은 그 지역의 자연환경과 인문환경을 이용한 일을 합니다.
> **채점 tip** 지역마다 자연환경과 인문환경이 다르기 때문이라는 내용을 썼으면 정답으로 합니다.

4 ㉮는 바다가 있는 지역, ㉯는 산이 있는 지역입니다. ⑤ ㉯ 지역이 ㉮ 지역보다 높은 곳에 위치합니다.

5 바다가 있는 지역에서는 방파제, 항구, 등대, 수산물 직판장 등을 볼 수 있습니다.

6 산이 있는 지역 사람들은 산비탈에 밭을 만들어 이용합니다.

7 들이 넓게 펼쳐진 지역에서는 평야와 논밭을 볼 수 있습니다. 비닐하우스에서 곡식이나 채소를 재배합니다.

8 ④ 버섯 기르기는 산이 많은 지역에 사는 사람들이 하는 일입니다.

9 야생 동물들이 안전하게 다닐 수 있도록 만든 시설은 생태 통로입니다.

10 환경을 이용하고 개발하여 생활에 편리한 시설을 만들기도 합니다.

> **문제 속 개념**
> **환경의 이용과 개발의 긍정적 영향**
> - 지역의 경제가 성장하고 삶이 풍요로워집니다.
> - 교통이 발달하면서 이동 시간이 줄어들고, 교류가 활발해집니다.
> - 여가 생활을 즐기고 생활에 필요한 서비스나 시설을 이용할 수 있습니다.

11 환경의 개발로 긍정적 영향과 부정적 영향이 동시에 나타납니다.

> **문제 속 개념**
> **환경의 이용과 개발의 부정적 영향**
>
> 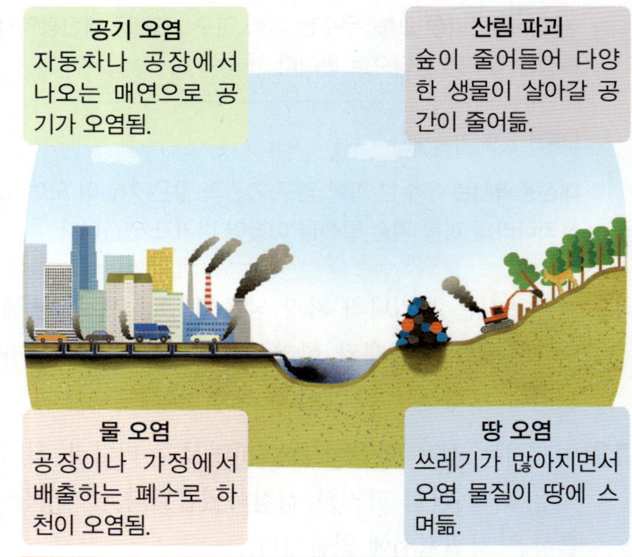
>

12 ㉡ 도시는 많은 사람이 모여 사는 곳입니다.

도시의 특징

- 많은 사람이 모여 살고, 높은 건물이 많습니다.
- 시청, 소방서 등 다양한 공공 기관이 있습니다.
- 상점, 병원 등의 편의 시설과 박물관, 공연장 등의 문화 시설이 많습니다.
- 크고 작은 도로가 많고, 버스나 지하철과 같은 교통수단이 발달했습니다.

▲ 많은 인구

▲ 높은 건물

▲ 다양한 편의 시설

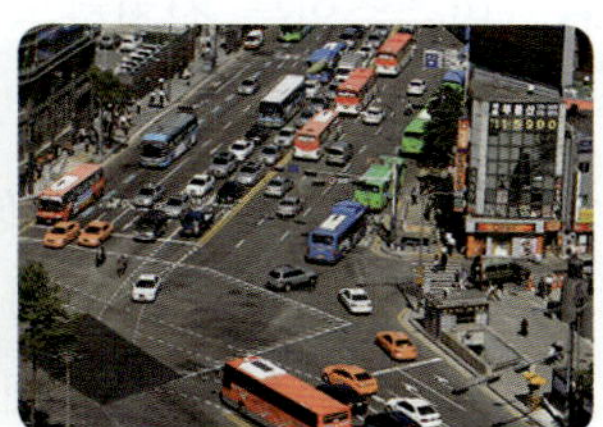

▲ 편리한 교통

13 도시는 크고 작은 도로가 연결되어 있고, 교통수단도 많아서 교통이 발달했습니다.

14 대전광역시는 우리나라 교통의 중심지이고, 연구 기관이 많습니다.

왜 답이 아닐까?

⑵ 설악산은 속초시에서 볼 수 있습니다.

15 도시 사람들은 교통수단을 이용하여 이동하고, 다양한 문화 시설을 이용하며 생활합니다.

채점 기준		
	상	도시 생활 모습을 두 가지 모두 정확히 쓴 경우
	중	도시 생활 모습을 한 가지만 정확히 쓴 경우

16 도시에는 은행이나 공공 기관 등의 시설이 있습니다. 사람들은 필요한 서비스를 이용합니다.

17 도시에는 많은 사람이 모여 살아서 문제가 발생하기도 합니다. ⑵ 주택 문제의 모습입니다.

18 도시에서는 환경 문제를 해결하기 위해 친환경 자동차를 이용하여 매연을 줄이는 노력을 합니다.

도시 문제를 해결하기 위한 노력

교통 문제	• 공영 주차장을 만들어 주차 공간을 늘림. • 대중교통을 늘리고 버스 전용 차로제를 시행함.
환경 문제	• 친환경 자동차를 이용하여 매연을 줄임. • 쓰레기를 줄이려 노력하고, 분리배출을 함.
주택 문제	• 낡은 주택을 고치고, 주택을 새로 지음. • 나라에서 주택을 지어 주변보다 낮은 가격에 사람들에게 제공하여 사람들이 집을 쉽게 구할 수 있게 함.

19 자연환경은 산, 들, 하천, 바다와 같은 땅의 생김새와 날씨에 영향을 주는 눈, 비, 바람, 기온 등을 말합니다. 인문환경은 자연환경을 이용해 사람들이 만든 공원, 과수원, 도로, 다리 등을 말합니다.

20 도시에 사는 사람들은 다양한 일을 하며 살아갑니다.

채점 기준		
	상	도시에 사는 사람들이 하는 일을 두 가지 모두 정확히 쓴 경우
	중	도시에 사는 사람들이 하는 일을 한 가지만 정확히 쓴 경우

용어 퍼즐 2학기 용어 되돌아 보기 112쪽

민	주	주	의			생			
	민				부	산	광	역	시
	자					물			
	치							인	
				학		지	역	문	제
				교				환	
세	종	특	별	자	치	시		경	
				치					

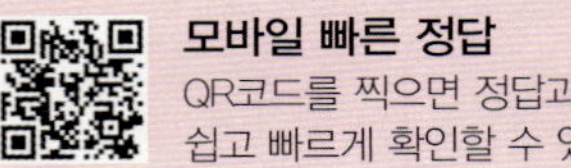

1. 민주주의와 자치

단원 핵심 개념   2~3쪽

① 민주주의   ② 국민   ③ 투표   ④ 비판적
⑤ 학교   ⑥ 주민   ⑦ 서명   ⑧ 시민 단체
⑨ 해결 방안   ⑩ 실천

단원 평가 A 단계   4~5쪽

1 민주주의   **2** (1) × (2) ○   **3** 비판적
4 (2) ○   **5** (1) ㉡ (2) ㉠   **6** 학교 자치
7 ③   **8** 선거   **9** (2) ○   **10** ⑤
11 탐색   **12** 명지

1 민주주의는 국민 스스로가 나라의 주인이 되어 중요한 결정을 내리는 활동을 말하기도 합니다.

2 (1) 가족회의로 여행 장소를 결정하는 것은 가족 구성원의 다양한 의견을 반영하여 공동의 문제를 결정하기 때문에 민주주의의 모습입니다.

문제 속 개념
생활 속에서 볼 수 있는 민주주의

학급 회의로 급식 먹는 순서를 결정합니다.

가족회의에서 가족의 중요한 일을 논의합니다.

주민 회의로 지역 축제를 열 장소를 결정합니다.

주민들이 투표를 하여 지역의 일에 의견을 표현합니다.

3 민주주의를 실천할 때는 의견이 옳은지 명확히 따져 보는 비판적 태도를 지녀야 합니다.

4 다수결의 원칙은 다수의 의견이 소수의 의견보다 합리적일 것이라 생각하고 다수의 의견에 따라 결정하는 것을 말합니다.

문제 속 개념
다수결의 원칙

의미	다수의 의견이 소수의 의견보다 합리적일 것이라 생각하고 다수의 의견에 따라 결정하는 것을 말함.
방법	대화와 토론을 충분히 해도 의견이 좁혀지지 않을 때 다수결의 원칙을 이용함.

5 민주주의를 실천하는 바람직한 태도에는 참여와 실천, 대화와 토론, 양보와 타협 등이 있습니다.

6 학교 자치는 학교 구성원들이 학교의 일을 스스로 결정하고 문제를 해결하는 것을 말합니다.

7 ③ 방과 후에 먹을 간식을 정하는 일은 학생들이 함께 해결해야 하는 공동의 문제가 아닙니다.

8 학급이나 학교의 대표를 뽑는 모습은 학교에서 민주주의를 실천하는 모습입니다.

문제 속 개념
초등학교 전교 회장 선거 과정

❶ 선거 관리 위원회 구성

선거를 올바르게 관리하기 위해 선거 관리 위원회를 구성함.

❷ 후보자 등록

후보자가 되려는 학생은 선거 관리 위원회에 후보자 등록을 함.

❸ 선거 운동

후보자들은 기호, 이름, 공약 등 자신을 알리는 내용이 담긴 홍보물을 만들어 선거 운동을 함.

❹ 후보자 토론

후보자들은 토론회에서 자신의 생각과 공약을 학생들에게 알리고 공약 관련 질문에 답변을 함.

❺ 투표	❻ 개표 및 당선인 결정
선거권을 가진 학생은 투표용지를 받아 투표함.	선거 관리 위원회가 투표 결과를 확인하고, 그 결과를 학생들에게 알림.

9 학교 자치 활동에 참여하며 학생들이 민주 시민으로 성장할 수 있습니다. (1) 학교의 많은 일은 학교 구성원 전체에 영향을 줍니다.

학교 자치가 중요한 까닭
- 학교생활에서 함께 결정해야 할 일이 많고, 학교의 많은 일은 학교 구성원 전체에 영향을 주기 때문입니다.
- 학교의 일을 민주적으로 결정할 때 더 많은 구성원이 만족하는 결과를 얻을 수 있기 때문입니다.
- 학생들이 민주적 의사 결정 과정에 스스로 참여할 수 있고 민주 시민으로 성장할 수 있기 때문입니다.

10 해결해야 할 문제를 확인한 후에 해결 방안을 탐색합니다. 민주적인 방법으로 해결 방안을 결정한 후 실천합니다. 해결 방안이 잘 실천되었는지 결과를 확인합니다.

학교생활에서 민주주의 실천 과정

❶ 해결해야 할 문제 확인하기 → ❷ 해결 방안 탐색하기 → ❸ 해결 방안 결정하기 → ❹ 해결 방안 실천하기 → ❺ 결과 확인하기

11 해결해야 할 문제에 대한 의견을 제시한 후 각 의견의 장점과 단점을 생각해 봅니다.

12 대화와 토론으로 합리적인 해결 방안을 결정하고, 해결 방안이 결정되면 잘 따르고 실천합니다.

내가 제시한 해결 방안이 결정되지 않더라도 해결 방안이 결정되면 잘 따르고 실천하는 것이 민주주의입니다.

---

1 주민 자치   **2** (1) × (2) ○   **3** ㄹ
4 헌서   **5** 주민 투표   **6** 시민 단체 활동하기
7 서명   **8** ③   **9** ④   **10** 경아   **11** 좁혀
12 ㄹ

1 주민이 지역의 주인으로서 주민 자치에 적극적으로 참여할 때 지역의 민주주의를 실천할 수 있습니다.

주민과 주민 자치의 의미

주민	일정한 지역 안에 살고 있는 사람
주민 자치	주민이 지역의 주인으로서 지역의 일에 참여하여 함께 문제를 해결해 나가는 것

2 지역에는 많은 사람이 모여 살다 보면 갈등이나 문제가 발생할 수 있습니다. 지역 주민들이 공동의 문제를 함께 해결하고 좋은 지역을 만들려고 노력해야 합니다.

3 주민 자치 사례에는 주민 총회, 주민 참여 예산제, 누리집에 의견 올리기 등이 있습니다.

다양한 주민 자치의 모습

지역 축제	주민 총회
주민들이 한자리에 모여 서로 어울리고 단합할 수 있는 축제를 엶.	주민들이 주민 총회를 열어서 지역에 필요한 사업을 제안하거나 지역의 일을 논의함.

주민 참여 예산제	주민 투표
	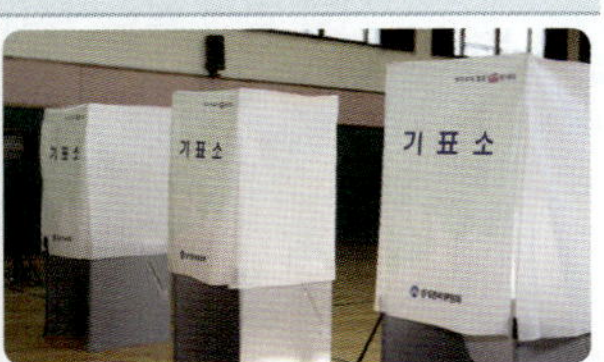
지역에 필요한 예산을 세우는 일에 지역의 주민이 직접 참여하여 원하는 사업을 반영함.	지역의 중요한 일을 주민들이 투표로 결정함.

4 지역의 상황을 잘 아는 주민들의 의견을 반영하면 지역의 일이나 문제를 효과적으로 처리할 수 있습니다.

문제 속 개념
지역의 일에 주민이 참여해야 하는 까닭
- 지역의 일이 주민들의 생활에 영향을 주기 때문입니다.
- 지역에서 일어나는 일이나 문제는 지역마다 다르기 때문입니다.
- 지역문제 해결에 주민들이 적극적으로 참여해야 지역이 발전하기 때문입니다.

5 지역의 중요한 일에 대해 주민들이 직접 투표하여 지역의 중요한 일을 결정하기도 합니다.

6 다양한 분야의 시민 단체가 지역사회의 문제를 해결하기 위해 활동합니다.

7 지역의 일에 참여하기 위해 지역사회의 문제에 관해 같은 의견을 가진 주민들의 서명을 모아 공공 기관에 전달하기도 합니다.

문제 속 개념
다양한 주민 참여 방법

서명 운동 참여하기	공청회 참여하기

지역사회의 문제에 관해 같은 의견을 가진 주민들의 서명을 모아 공공 기관에 전달함.	공청회에 참여하여 의견을 듣거나 자신의 의견을 직접 제시함.
주민 투표 참여하기	자원봉사 참여하기

주민들이 직접 투표하여 지역의 중요한 일을 결정함.	교육, 환경, 예술 등 다양한 분야에서 자원봉사 활동을 함.
시민 단체 활동하기	공공 기관 누리집에 의견 올리기
	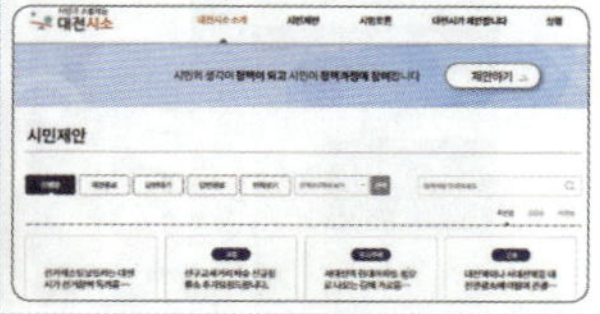
교육, 환경, 경제 등 여러 분야의 시민 단체에 가입해 지역사회의 문제 해결을 위한 활동을 함.	공공 기관의 누리집이나 애플리케이션에 지역에 관한 의견을 올림.

8 공청회는 사회적으로 중요한 문제를 결정하기 전에 여러 사람의 의견을 듣기 위하여 가지는 모임입니다.

9 주민 자치에 활발하게 참여하는 지역 주민을 만나 면담하면서 주민 자치 사례를 조사할 수 있습니다.

문제 속 개념
주민 자치 사례 조사하기

인터넷으로 찾아보기	행정 복지 센터 방문하기

우리 지역 공공 기관 누리집에서 '주민 자치'를 검색함.	행정 복지 센터에 방문해서 주민 자치 사례를 확인함.
주민 면담하기	지역 신문 찾아보기

주민 자치에 활발하게 참여하는 지역 주민을 만나 면담함.	우리 지역 신문에서 주민 자치와 관련 있는 기사를 찾아봄.

10 우리는 지역의 일에 지속적으로 관심을 가져야 합니다.

11 주민 자치에 참여할 때는 대화와 토론으로 의견 차이를 좁혀 나가는 노력을 해야 합니다.

문제 속 개념
주민 자치에 참여하는 태도
- 주인 의식: 지역사회의 문제를 해결하기 위해 주민은 주인 의식을 가져야 합니다.
- 관심과 참여: 지역사회의 문제에 관심을 갖고, 문제를 해결하기 위해 적극적으로 참여해야 합니다.
- 대화와 토론: 주민 참여 과정에서 서로 다른 의견으로 갈등이 생길 때는 대화와 토론으로 의견 차이를 좁혀 나가는 노력이 필요합니다.
- 협력: 모든 주민이 지역을 소중히 여기는 마음을 가지고 함께 노력할 때 지역이 발전할 수 있습니다.

12 제시된 그림은 교통 문제를 해결하기 위해 민원을 신청하는 모습입니다.

문제 속 개념
주민 자치의 사례
- 주민들이 생활 속 불편을 개선할 수 있는 시설이나 바라는 시설을 설치해 달라고 누리집에 글을 올려 제안하기도 합니다.
- 지역에 필요한 조례를 주민들이 직접 제안하기도 합니다.

단원 평가 B 단계

1 상훈　**2** ④　**3** (1) ×　(2) ○　**4** (예) 소수의 의견을 존중해야 합니다.　**5** 희진　**6** 예산제
7 ㉡　**8** ④　**9** (예) 학교의 일을 민주적으로 결정할 때 더 많은 구성원이 만족하는 결과를 얻을 수 있기 때문입니다.　**10** (2) ○　**11** ②
12 (1) ×　(2) ○　**13** (1) ○　**14** ④　**15** (예) 공청회에 참여하기, 공공 기관 누리집에 의견 올리기 등이 있습니다.　**16** 시민 단체　**17** (예) 공공 기관 누리집에서 검색하기, 행정 복지 센터에 방문해서 주민 자치 사례 확인하기 등이 있습니다.　**18** 민성
19 ㉠ 공동　㉡ 참여　**20** ⑤

1 민주주의는 사회에서 여러 사람이 함께 살아가다 보면 생각이 달라 생기는 문제를 서로 의논하고 협력하면서 해결해 나가는 것을 말합니다.

문제 속 개념

민주주의 사회의 모습
- 민주주의 사회에서는 구성원 모두가 인간으로서 존중받아야 합니다.
- 누구나 평등한 입장에서 자신의 의견을 제시하고 자유롭게 행동할 수 있어야 합니다.
- 어느 한 사람의 결정에 맡기지 않고, 구성원 모두가 공동의 일이 나아갈 방향을 결정해야 합니다.

2 민주주의는 모든 사람이 자유롭고 평등하게 참여하여 공동의 일을 결정하는 것을 말합니다.

3 (1) 문제가 발생했을 때는 대화와 토론, 투표 등 알맞은 방법으로 해결합니다.

문제 속 개념

민주주의를 실천하는 태도 점검하기

나는 나와 다른 의견도 인정하고 존중합니다.	V
나는 공동의 문제 해결에 적극적으로 참여합니다.	V
나는 상대방에게 양보하거나 협의하려고 노력합니다.	V
나는 갈등이나 문제를 대화와 토론으로 해결하려고 합니다.	V
나는 함께 결정한 일은 적극적으로 따르고 실천하려고 노력합니다.	V

4 다수결로 내린 결정이 항상 옳다고 볼 수 없기 때문에 소수의 의견도 존중하며 경청해야 합니다.

채점 tip 소수의 의견도 존중해야 한다고 썼으면 정답으로 합니다.

이런 답도 가능해!

소수의 의견도 합리적일 수 있습니다.

5 학교의 많은 일은 학교 구성원 전체에 영향을 주기 때문에 학생, 선생님, 부모님 모두 참여해서 결정해야 합니다.

6 학생 참여 예산제는 학교에서 민주주의를 실천하는 사례입니다.

7 ㉡ 학생 자치회는 전교생이 학교 자치에 참여할 수 있는 일을 기획합니다.

문제 속 개념

학생 자치회

의미	학생 스스로 학교의 일을 운영하고자 학생들이 만든 모임을 말함.
하는 일	• 전교생이 학교 자치에 참여할 수 있는 일을 기획함. • 전체 학생을 대표해 학교의 일을 토의하고, 학교 규칙을 만드는 활동을 함.

8 학급 회의에서 학급의 일을 스스로 결정하고 문제를 해결합니다.

문제 속 개념

학교에서 민주주의를 실천하는 사례

반 친구들과 의논해 학급 생활 규칙을 만들고 스스로 지켜나갑니다.

학생 행사에 대한 의견을 내고, 행사를 직접 운영하기도 합니다.

선거에 참여하여 학교의 대표를 직접 뽑습니다.

학급 도서 정리, 쓰레기 분리 배출 등의 역할을 나누어 책임집니다.

9 학교의 일은 구성원 전체에 영향을 주고 학교 자치로 학교의 일을 결정할 때 구성원이 만족하는 결과를 얻을 수 있기 때문에 학교 자치가 중요합니다.

채점 tip 구성원이 만족할 수 있기 때문이다. 구성원 전체에 영향을 주기 때문이다 등의 내용을 썼으면 정답으로 합니다.

10 학교의 문제를 해결할 때는 대화와 토론을 충분히 한 후, 서로 양보하고 협의해 가장 합리적인 해결 방안을 결정합니다.

왜 답이 아닐까?

⑴ 나와 의견이 다르다고 무시하면 안 됩니다. 다양한 의견에 귀 기울이고 서로 배려하며 양보하고 타협하는 태도를 갖춰야 합니다.

11 지역 주민들이 공동의 문제를 함께 해결하고 좋은 지역을 만들려고 노력해야 합니다.

12 주민이 지역의 주인으로서 주민 자치에 적극적으로 참여할 때 지역의 민주주의를 실천할 수 있습니다.

문제 속 개념

주민 자치의 필요성
- 지역에 많은 사람이 모여 살다 보면 갈등이나 문제가 발생할 수 있습니다. 주민들이 공동의 문제를 함께 해결하고 좋은 지역을 만들려고 노력해야 합니다.
- 주민들이 주민 자치에 적극적으로 참여할 때 지역의 민주주의를 실천할 수 있습니다.

13 지역 축제, 주민 총회, 주민 투표 등 생활 속에서 다양한 주민 자치의 모습을 볼 수 있습니다.

14 지역의 상황을 잘 아는 주민들이 지역의 일이나 문제를 효과적으로 처리할 수 있습니다.

문제 속 개념

지역의 일에 주민이 참여하지 않았을 때의 모습
- 지역이 발전하기가 어려워집니다.
- 지역문제를 해결하기 어려워집니다.

15 이외에도 서명 운동에 참여하거나 주민 투표에 참여할 수 있습니다. 또한 자원봉사에 참여하거나 시민 단체 활동을 할 수 있습니다.

채점 tip 주민 참여 방법을 두 가지 모두 알맞게 쓴 경우 정답으로 합니다.

16 시민 단체는 주민 참여 방법 중 하나입니다. 교육, 환경, 경제 등 여러 분야의 시민 단체가 있습니다.

문제 속 개념

시민 단체의 활동

○○ 시민 단체는 '에너지의 날'을 맞아 기후 위기의 심각성을 알리는 캠페인을 했습니다.

17 이외에도 지역 신문에서 주민 자치와 관련 있는 기사 찾아보기, 우리 지역의 주민과 면담하기 등의 방법으로 주민 자치 사례를 조사할 수 있습니다.

채점 tip 주민 자치 사례를 조사하는 방법을 두 가지 모두 알맞게 쓴 경우 정답으로 합니다.

문제 속 개념

공공 기관에 방문하여 주민 자치 사례를 조사하는 과정
① 방문하고 싶은 공공 기관을 정하고, 공공 기관에 미리 연락하여 방문을 신청합니다.
② 조사 계획을 세워 역할을 정하고, 알고 싶은 점을 정리합니다.
③ 방문하여 담당자에게 궁금한 점을 물어보고, 보고 들은 내용을 기록합니다.
④ 조사가 끝난 후에는 알게 된 점과 느낀 점을 정리하여 조사 보고서를 작성합니다.

18 주민 참여 과정에서 서로 다른 의견으로 갈등이 생길 때는 대화와 토론으로 의견 차이를 좁혀 나가는 노력이 필요합니다.

왜 답이 아닐까?

유하 – 누군가 지역의 문제를 해결해 줄 때까지 기다리는 것이 아니라 지역사회의 문제에 관심을 갖고, 적극적으로 참여해야 합니다.

19 지역사회의 문제를 해결하기 위해 지역 주민은 주인 의식을 가져야 합니다. 지역사회의 문제에 관심을 갖고, 문제를 해결하기 위해 적극적으로 참여해야 합니다.

20 지역문제 해결에 관심을 가지고 해결하기 위해 노력해야 합니다.

2. 지역문제를 해결하고 지역을 알리는 노력

단원 핵심 개념   12~13쪽

① 지역문제   ② 교통   ③ 소음   ④ 발생 원인
⑤ 실천   ⑥ 문화   ⑦ 역사   ⑧ 통영   ⑨ 공주

단원 평가 A 단계   14~16쪽

1 지역문제   **2** ㉢   **3** (2) ○   **4** ③
5 (2) ○   **6** ㉢ → ㉡ → ㉣   **7** 쓰레기 문제
8 ②   **9** ②   **10** 주차   **11** ㉢   **12** 현빈
13 실천   **14** (1) × (2) ○   **15** 참여

1 사람들이 함께 살아가다 보면 지역문제가 생깁니다.

2 지역문제에는 교통 문제, 환경 문제, 안전 문제, 주택 문제, 소음 문제, 시설 부족 문제, 국가유산 훼손 문제 등이 있습니다.

문제 속 개념

다양한 지역문제

교통 문제	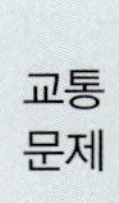	• 주차할 공간이 부족하고 도로가 자주 막힘. • 대중교통이 자주 오지 않아 다른 곳으로 이동하기 불편함.
환경 문제		• 쓰레기 분리배출이 제대로 안 됨. • 대기 오염이 심각하고, 하천이 오염되어 물고기들이 살기 힘듦.
안전 문제		• 도로나 인도 주변의 울타리가 훼손되어 위험함. • 환풍구 덮개가 열려 있어서 위험함.
주택 문제		• 지어진 지 오래된 주택이 많아 생활하기 불편함. • 주택이 부족한 경우가 있어 살 곳이 없음.
소음 문제		• 주변에 큰 도로가 있어 매우 시끄러움. • 층간 소음으로 듣기 싫은 소리가 들려 불편함.
시설 부족 문제		• 고속버스 터미널이나 도서관이 없어, 멀리 나가야 해서 불편함. • 지역에 필요한 시설이 없어 이용에 어려움을 겪음.
국가유산 훼손 문제		• 새로운 건물을 짓거나 관광객이 많이 방문하면서 국가유산이 훼손됨. • 전통문화가 잘 보전되지 않아 사라져 가기도 함.

3 지역문제는 지역의 상황에 따라 다양하게 나타나며 우리의 생활에 영향을 줍니다.

문제 속 개념

훼손된 국가유산

○○ 장성은 적의 침입을 막으려고 조선 시대에 만든 소중한 국가유산입니다. 그런데 장성의 일부 구간이 무너져 원래 모습을 찾아보기 어려울 정도로 심하게 훼손되었습니다.

4 주차 공간이 부족하고 도로가 자주 막히는 것은 교통 문제에 해당합니다.

5 지역문제의 해결을 위해 꾸준히 노력한다면 내가 사는 지역을 더욱 살기 좋은 곳으로 만들 수 있습니다.

왜 답이 아닐까?

지역문제는 지역마다 다양하게 나타나며 지역 주민 모두에게 영향을 줍니다.

6 지역문제의 해결 과정은 '지역문제 확인하기 → 문제 발생 원인 파악하기 → 문제 해결 방안 탐색하기 → 문제 해결 방안 결정하기 → 문제 해결 방안 실천하기'의 순서로 이루어집니다.

7 자료를 보면 쓰레기양이 크게 늘고 있다는 내용을 확인할 수 있습니다.

8 서연이네 모둠에서 수집한 자료는 ○○ 지역의 신문 기사입니다.

9 우리 지역에 어떤 문제가 있는지 직접 찾아볼 수 있습니다.

10 제시된 내용은 주차 문제를 해결하기 위한 방안입니다.

11 지역문제의 해결 방안을 결정할 때는 대화와 토론을 통해 가장 합리적인 방안을 선택하고 해결 방안이 실제로 실천 가능한지 따져 봅니다.

12 각 해결 방안의 장단점은 객관적인 자료와 근거에 따라 평가해서 해결 방안을 결정합니다.

문제 속 개념

지역문제 해결 방안 결정하기 ⑩ 주차 문제

해결 방안	장점	단점
공영 주차장 건설	주차 공간이 늘어남.	비용이 많이 드는 편임.
공공 기관 주차장 개방	새로 주차장을 건설하지 않아도 되어 비용이 절감됨.	공공 기관의 협조가 필요함.
캠페인 실시	주민들의 경각심을 일깨울 수 있음.	효과가 느리게 나타나거나 작을 수 있음.

13 지역문제의 해결 방안을 결정한 후 해결 방안을 실천합니다.

14 (1) 어린이들도 지역 주민으로서 지역문제에 관심을 가지고 문제를 해결하려고 노력해야 합니다.

15 지역 주민은 공공 기관이 지역문제 해결에 적극적으로 나서도록 해결 방안을 제안하고, 공공 기관과 함께 지역문제를 해결하려고 노력해야 합니다.

문제 속 개념

지역문제 해결에 참여하기

지역문제의 해결 방안을 적극적으로 실천함.

지역문제가 발생했을 때는 시 · 도청 누리집에 건의하는 글을 올림.

주민들을 대상으로 지역문제 해결에 참여하자는 캠페인을 함.

포스터를 만들어 주민들이 지역의 일에 관심을 가질 수 있도록 함.

단원 평가 A 단계　　　　17~19쪽

1 ㉠, ㉡　　**2** ㉠　　**3** (1) × (2) ○　　**4** ③
5 통영시　　**6** (1) ㉡ (2) ㉠　　**7** 화산　　**8** (2) ○
9 ④　　**10** (1) ㉡ (2) ㉠　　**11** 박람회　　**12** 상징 마크
13 (1) ○　　**14** 백지도　　**15** 만화

1 지역을 대표하는 것에는 생산물, 역사, 자연환경, 문화 등이 있습니다.

2 경주 불국사와 연천 전곡리 선사 유적지는 지역의 역사에 해당합니다.

3 지역에는 다른 지역과 구분되는 자연환경, 역사, 문화, 생산물 등 그 지역만의 고유한 특징이 있습니다. (1) 지역마다 유명한 음식이나 문화 등이 다릅니다.

문제 속 개념

지역의 고유한 특성

각 지역은 다른 지역과 구분되는 자연환경, 역사, 문화, 생산물 등 그 지역만의 고유한 특징이 있습니다. 이에 따라 지역마다 유명한 음식이나 문화 등이 다릅니다.

4 ③ 동화책을 찾아보는 것은 지역을 대표하는 것을 조사하는 방법으로 알맞지 않습니다.

문제 속 개념

지역을 대표하는 것을 조사하는 방법

지역의 소식지나 관광 안내 자료를 찾아봅니다.

시·군·구청이나 한국관광공사 누리집을 방문합니다.

직접 가서 조사합니다.

지역에 대해 잘 알고 계신 분에게 여쭈어봅니다.

5 통영시는 이순신 장군과 관련 있는 역사 외에도 나전 칠기와 한려 해상 국립 공원이 유명합니다.

경상남도 통영

나전칠기	한려 해상 국립 공원
조개나 전복 껍데기로 만든 공예품인 나전칠기가 유명함.	크고 작은 섬들과 자연경관이 조화를 이루는 해양 생태계의 보고임.

6 공주시의 공산성은 백제 시대를 대표하는 성곽으로, 적의 침입을 막으려고 만들었습니다. 제주특별자치 도는 날씨가 따뜻해 감귤이 잘 자랍니다.

7 제주특별자치도는 화산이 폭발하면서 만들어진 섬으로, 이와 관련된 지형을 많이 볼 수 있습니다. 주상 절리는 뜨거운 용암이 바다와 만나 빠르게 굳어서 만들어진 기둥 모양의 암석이고, 성산 일출봉은 분화구입니다.

제주특별자치도

성산 일출봉	한라산
큰 분화구로 유네스코 세계 자연유산에 등재되어 있음.	화산이 폭발하면서 만들어진 산으로, 정상에는 '백록담'이라는 호수가 있음.
감귤	주상 절리
제주특별자치도는 날씨가 따뜻해 감귤이 잘 자람.	뜨거운 용암이 바다와 만나 빠르게 굳어서 만들어진 기둥 모양의 암석임.

8 전주시는 한지, 부채 그리고 판소리가 발달한 지역입니다. (1) 한라산은 제주특별자치도의 특성에 해당합니다.

9 ④ 우리 지역을 알리기 위해서는 우리 지역의 생산물을 소개해야 합니다.

지역을 알리는 노력

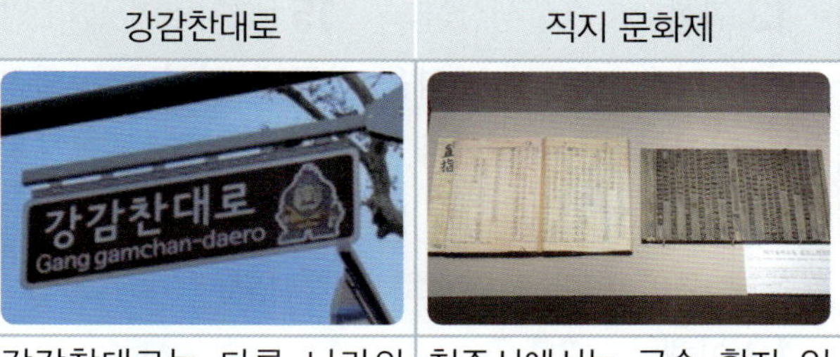

강감찬대로	직지 문화제
강감찬대로는 다른 나라의 침입을 크게 물리쳐 우리나라를 지킨 강감찬 장군의 이름을 따서 지은 거리임.	청주시에서는 금속 활자 인쇄술 발명의 위대함을 알리기 위해 직지 문화제를 개최하고 있음.

10 보령 머드 축제는 자연환경을 이용한 축제입니다. 당진 기지시 줄다리기 민속 축제는 지역의 문화를 이용한 축제입니다.

11 각 지역은 생산물을 알리려고 박람회, 축제, 직거래 장터 등을 열기도 합니다.

12 인삼이 많이 나는 금산군은 지역의 상징 마크를 인삼으로 표현했습니다.

13 우리 지역이 널리 알려지면 많은 사람이 지역을 방문해 지역이 경제적으로 발전할 수 있습니다.

14 백지도는 여러 가지 사실을 적어 넣기 위한 연습용 지도로, 지형의 윤곽 정도만 그려져 있습니다. 우리 지역의 백지도를 이용해 지역을 알리는 안내도를 만들 수 있습니다.

15 우리 지역의 특성을 재미있게 만화를 그려 소개할 수 있습니다.

뉴스 기사를 만들어 지역 소개하기

단원 평가 Ⓑ 단계 20~23쪽

1 주민　**2** (1) ○　**3** (1) ⓛ (2) ㉠　**4** ①
5 ⓔ 지역 주민과 면담합니다. 지역 신문을 찾아봅니다.　**6** 원인　**7** ③　**8** ⑤　**9** ⓔ 대화와 타협으로 의견을 조정하여 알맞은 해결 방안을 정합니다.　**10** ④　**11** (2) ○　**12** ㉣
13 귀현　**14** 생산물　**15** ⓔ 지역이 널리 알려지면 많은 사람이 지역을 방문해 지역이 경제적으로 발전할 수 있습니다.　**16** 제주특별자치도
17 ⓔ 지역의 역사와 문화를 알리려고 마을을 새롭게 꾸미고 관광 명소로 만듭니다.　**18** (2) ○
19 이해　**20** ④

1 지역문제는 지역 주민의 생활을 불편하게 하거나 지역 주민들 사이에 갈등을 일으키는 여러 가지 문제를 말합니다.

문제 속 개념

지역에서 발생할 수 있는 문제
- 공사장에서 나오는 소음으로 생활에 불편이 있습니다.
- 주정차 금지 구역에 주차를 해 주민들끼리 다툼이 발생합니다.
- 지정되지 않은 곳에 차들이 주차되어 있어 구급차가 지나갈 수 없습니다.

2 사람들이 함께 살아가다 보면 지역문제가 생깁니다. 지역문제의 해결을 위해 꾸준히 노력한다면 내가 사는 지역을 더욱 살기 좋은 곳으로 만들 수 있습니다.

3 (1)은 주택 문제, (2)는 환경 문제에 대한 설명입니다.

문제 속 개념

지역문제의 종류

환경 문제	• 쓰레기 분리배출이 제대로 안 됨. • 대기 오염이 심각하고, 하천이 오염되어 물고기들이 살기 힘듦.
주택 문제	• 지어진 지 오래된 주택이 많아 생활하기 불편함. • 주택이 부족한 경우가 있어 살 곳이 없음.
안전 문제	• 도로나 인도 주변의 울타리가 훼손되어 위험함. • 환풍구 덮개가 열려 있어서 위험함.

4 환풍구 덮개가 열려 있고, 도로나 인도 주변의 울타리가 훼손되어 위험한 것은 안전 문제에 해당합니다.

5 이외에도 우리 지역에 어떤 문제가 있는지 직접 찾아보거나 시·도청 누리집에 방문해서 지역문제를 확인할 수 있습니다.

채점 기준	상	지역문제를 확인하는 방법을 두 가지 모두 정확히 쓴 경우
	중	지역문제를 확인하는 방법을 한 가지만 정확히 쓴 경우

문제 속 개념

지역문제를 다룬 뉴스 살펴보기

지역에서 발생하는 문제를 확인하기 위해 인터넷에 지역문제를 검색하여 뉴스를 살펴볼 수 있습니다.

6 지역문제를 해결하려면 문제가 일어난 원인을 파악한 후 해결 방안을 탐색해야 합니다.

문제 속 개념

지역문제 발생 원인 파악하기

7 제시된 내용은 지역에서 나타나는 쓰레기 문제의 해결 방안을 탐색하는 과정입니다.

8 ⑤ 교통안전 도우미의 활동 시간을 늘리는 것은 통학로 안전 문제를 해결하기 위한 방안입니다.

9 해결 방안을 탐색할 때 여러 사람이 함께 회의하면 다양한 해결 방안을 찾을 수 있습니다. 다양한 해결 방안의 장단점을 비교하며 부족한 점을 보완하고, 대화와 토론을 통해 가장 합리적인 해결 방안을 선택합니다.

채점 tip 대화와 타협으로 의견을 조정한다는 내용을 썼으면 정답으로 합니다.

대화와 토론을 통해 가장 합리적인 해결 방안을 선택합니다.

10 지역문제의 다양한 해결 방안이 제시되면 시간을 두고 대화와 타협으로 의견을 조정해야 합니다.

11 각 지역은 다른 지역과 구분되는 자연환경, 역사, 문화, 생산물 등 그 지역만의 고유한 특성이 있습니다.

12 광주 무등산은 자연환경에 해당합니다.

단양 도담 삼봉

도담 삼봉은 남한강에 세 개의 봉우리로 이루어진 섬입니다. 경치가 아름다워 많은 사람들이 찾고, 도담 삼봉과 관련된 시와 그림이 많이 전해집니다.

13 지역을 대표하는 것을 조사하는 방법에는 지역의 소식지나 관광 안내 자료를 찾아보거나, 시·군·구청 누리집 등을 방문할 수 있습니다.

14 보성 녹차와 이천 도자기는 지역의 생산물입니다.

생산물
생산물은 지역에서 많이 생산되는 물건, 음식, 전통 공예품 등으로 지역을 나타내는 특성 중 하나입니다.

15 우리 지역의 자랑거리를 알리는 활동을 통해 우리 지역을 더 깊이 이해할 수 있습니다. 또한 지역의 문화는 오랫동안 이어질 수 있습니다.

채점 tip 많은 사람이 지역을 방문해 지역이 경제적으로 발전할 수 있다는 내용을 썼으면 정답으로 합니다.

16 제주특별자치도는 화산이 폭발하면서 만들어진 섬으로, 이와 관련된 지형을 많이 볼 수 있습니다.

17 감천 문화 마을은 마을을 새롭게 꾸미면서 관광 상품으로 만든 것으로, 부산광역시의 유명한 자랑거리입니다.

채점 tip 마을을 새롭게 꾸미고 관광 명소로 만들었다고 썼으면 정답으로 합니다.

지역만의 독특하거나 고유한 문화를 알리려고 관광 상품을 만들었습니다.

지역의 문화를 알리는 방법

당진 기지시 줄다리기 민속 축제	부산 감천 문화 마을

마을의 안녕과 풍년을 비는 행사로, 500여 년이 넘게 이어오고 있음.	지역의 역사와 문화를 알리려고 마을을 새롭게 꾸미고 관광 명소로 만듦.

18 지역을 알리려고 지역의 역사나 문화 등을 주제로 한 관광 상품을 만들기도 합니다.

⑴ 지역문제를 알리는 것은 지역을 알리는 노력이라고 보기 어렵습니다.

19 우리 지역의 자랑거리를 알리는 활동을 통해 우리 지역을 더 깊이 이해할 수 있습니다. 지역이 널리 알려지면 많은 사람이 지역을 방문해 지역이 경제적으로 발전할 수 있습니다.

20 우리 지역을 대표하는 것을 그려 포스터를 만들 수 있습니다.

3. 다양한 환경과 삶의 모습

단원 핵심 개념　　　　24~25쪽

① 자연　② 석탄　③ 도시　④ 벼농사　⑤ 공업
⑥ 중심　⑦ 병원　⑧ 교통　⑨ 주택

단원 평가 Ⓐ 단계　　　　26~27쪽

1 ②　　**2** (1) ㉡, ㉣, ㉺ (2) ㉠, ㉢, ㉭　　**3** 자연,
인문　　**4** ⑤　　**5** (1) × (2) ○　　**6** (1) ○
7 ㉣　　**8** 현규　　**9** (2) ○　　**10** (1) ○ (2) ×
11 ㉠, ㉡　　**12** 생태 통로

1 눈, 비, 바람, 기온 등의 자연환경은 날씨에 영향을 줍니다. ②는 땅의 생김새에 해당합니다. 산, 들, 하천, 바다 등은 땅의 생김새를 이루는 자연환경입니다.

2 ㉡, ㉣, ㉺은 자연 그대로 생겨난 자연환경입니다. ㉠, ㉢, ㉭은 사람들이 만든 인문환경입니다.

문제 속 개념

우리 지역의 자연환경과 인문환경 살펴보기

자연환경	• 맑은 하천이 흐르고, 푸르른 산이 있습니다. • 바람이 시원하게 부는 숲도 있습니다.
인문환경	• 사람들이 사는 아파트가 많이 있습니다. • 하천에는 다리가 있고, 하천 주변에 논과 밭이 있습니다.

3 환경은 우리를 둘러싸고 있는 모든 것을 말합니다. 환경은 크게 자연환경과 인문환경으로 구분할 수 있습니다.

문제 속 개념

자연환경과 인문환경을 구분하는 기준

• 들이 사람이 개발하지 않은 상태의 평평하고 넓게 트인 땅이라면 자연환경에 속합니다.
• 논과 밭, 과수원 등과 같이 사람이 개발한 농경지를 의미한다면 인문환경에 속합니다.

4 산이 많은 지역에서는 강이나 바닷물을 막아 두려고 쌓은 둑인 댐을 볼 수 있습니다.

5 옛날에 산이 많은 지역에서는 산비탈에 밭농사를 짓거나 탄광에서 석탄을 캐기도 했습니다.

문제 속 개념

산이 많은 지역의 변화

• 옛날에는 산비탈에 밭농사를 짓거나 탄광에서 석탄을 캐기도 했습니다.
• 오늘날에는 석탄 생산량이 줄어들고 탄광이 문을 닫으면서 대신 케이블카가 들어오기도 합니다. 또 산을 깎아서 스키장을 만들기도 합니다.

6 들이 펼쳐진 지역에는 도시가 발달해 사람들이 모여 살고 회사와 공장 등을 볼 수 있습니다. (2) 썰매장이나 캠핑장은 주로 산이 많은 지역에서 볼 수 있습니다.

문제 속 개념

들이 펼쳐진 지역의 모습

7 ㉣ 바다가 있는 지역 사람들이 하는 일입니다.

8 바다가 있는 지역에서는 배와 항구, 등대 등을 볼 수 있습니다. 사람들이 주로 논이나 밭에서 농사를 짓는 곳은 들이 펼쳐진 지역입니다.

바다가 있는 지역에서 볼 수 있는 모습

- 배와 항구가 있습니다.
- 바닷길을 안내하는 등대가 있습니다.
- 갯벌이나 모래사장이 있고, 해수욕장이 발달했습니다.
- 미역, 다시마, 전복 등을 기르는 양식장이 있습니다.

▲ 해수욕장

▲ 양식장

9 바다가 있는 지역에는 미역, 다시마, 전복 등을 기르는 양식장이 있습니다. (1) 목장에서 양을 기르는 것은 산이 많은 지역에서 볼 수 있는 모습입니다.

10 과거에는 산, 들, 바다 등의 자연환경을 이용하며 생활했습니다. 오늘날에는 자연환경보다 인문환경이 사람들의 생활에 미치는 영향이 커지면서 지역의 모습이 바뀌었습니다.

11 ⓒ 환경의 개발로 이동 시간이 줄어들고, 교류가 활발해집니다. ② 간척 사업을 하면 갯벌의 면적이 줄어들고 생태계가 파괴되기도 합니다.

스키장 개발에 따른 영향

긍정적 영향	스키장에서 여가 생활을 즐김.
부정적 영향	산을 깎아 스키장을 만들기 때문에 산림이 훼손됨.

12 환경을 개발하면서 최대한 자연을 훼손하지 않도록 노력해야 합니다.

생태 통로

도로나 댐 건설로 동물들이 사는 곳과 길을 잃기도 합니다. 이를 방지하기 위해 생태 통로를 만듭니다.

단원 평가 Ⓐ 단계 28~29쪽

1 많고, 편리 **2** ⓒ **3** 동엽 **4** ③
5 (1) 공동 주택 (2) 교통 **6** 공업 **7** 한라산
8 세종특별자치시 **9** ㉠ 공공 ㉡ 문화 **10** (1) ◯
11 ② **12** 주택 문제

1 도시는 사람이 많이 모여 살면서 정치, 경제, 사회, 문화 활동의 중심이 되는 곳입니다.

도시의 모습

2 ⓒ 도시는 산업, 교통, 행정 등이 발달해서 회사나 공장이 많습니다.

3 도시는 정치, 경제, 사회 활동의 중심이 되는 곳으로 많은 사람이 모여 살고 있습니다.

우리나라의 도시

- 우리나라는 1960년대부터 일자리를 찾아 사람들이 도시로 모여들면서 도시의 인구가 많아졌습니다.
- 오래전부터 큰 도시였던 곳도 있고, 계획에 따라 새롭게 도시가 된 곳도 있습니다.

4 ③ 산이 많은 지역에서 농사지을 장소가 충분하지 않기 때문에 경사진 곳을 계단처럼 만들어 농사를 짓습니다.

5 도시와 도시를 연결하는 교통이 발달하였고, 높은 건물이 많습니다.

6 울산광역시는 우리나라의 대표적인 공업 도시입니다.

문제 속 개념

울산광역시

• 우리나라의 대표적인 공업 도시입니다.
• 큰 항구를 바탕으로 석유 화학, 자동차, 선박, 철강과 같은 산업이 발달했습니다.
• 고속 국도와 철도, 울산항 등 교통이 발달했습니다.

7 서귀포시는 독특한 섬 문화, 화산 지형 등을 바탕으로 관광 산업이 발달한 도시입니다.

왜 답이 아닐까?

설악산은 속초시에 있는 산입니다.

8 세종특별자치시는 계획도시로, 주요 공공 기관이 모여 있습니다. 이곳에 인구와 시설이 많이 늘고 있습니다.

9 도시에는 공공 기관과 문화 시설이 많이 있어서 도시 사람들이 생활하기에 편리합니다.

문제 속 개념

도시 생활의 좋은 점

아플 때 병원에서 쉽고 빠르게 치료받을 수 있음.

다양한 산업이 발달하여 일자리가 많이 있음.

버스나 지하철 등 다양한 대중교통이 발달하여 이동하기 편리함.

공연장이나 박물관 등 다양한 문화 시설을 이용할 수 있음.

10 도시의 면적은 촌락의 면적보다 좁지만, 도시에 사는 사람은 촌락에 사는 사람보다 훨씬 더 많습니다.

문제 속 개념

도시와 촌락의 인구

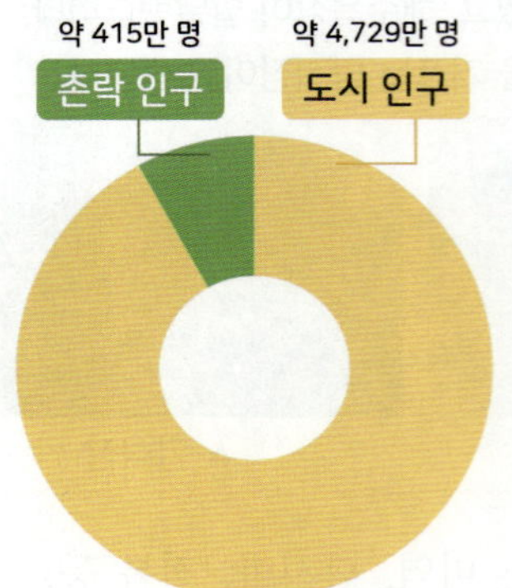

(국토 교통부, 2023.)

• 우리나라 인구 약 5,144만 명 중에 도시 인구는 약 4,729만 명입니다.
• 도시의 면적은 촌락의 면적보다 좁지만, 도시에 사는 사람은 촌락에 사는 사람보다 훨씬 더 많습니다.
• 도시의 면적에 비해 너무 많은 사람이 모여 살고 있어 도시 문제가 발생하기도 합니다.

11 도시에는 교통 문제, 주택 문제, 환경 문제 등이 나타납니다. ② 일손 부족 문제는 촌락에서 나타나는 문제입니다.

문제 속 개념

도시 생활의 문제점

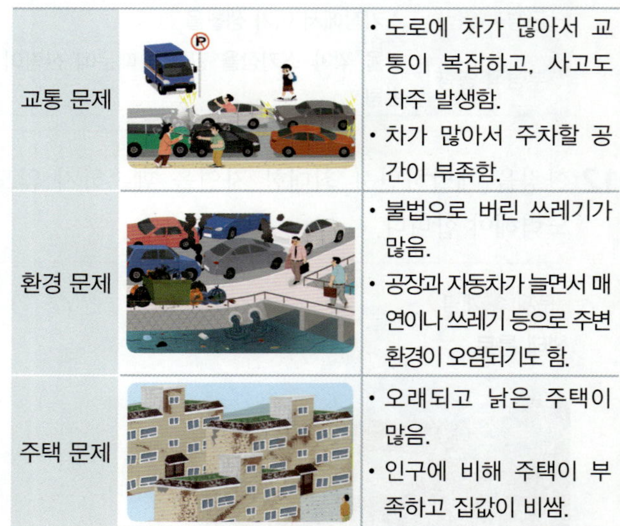

교통 문제	• 도로에 차가 많아서 교통이 복잡하고, 사고도 자주 발생함. • 차가 많아서 주차할 공간이 부족함.
환경 문제	• 불법으로 버린 쓰레기가 많음. • 공장과 자동차가 늘면서 매연이나 쓰레기 등으로 주변 환경이 오염되기도 함.
주택 문제	• 오래되고 낡은 주택이 많음. • 인구에 비해 주택이 부족하고 집값이 비쌈.

12 도시에서는 인구에 비해 주택이 부족하거나 집값이 비싼 주택 문제를 해결하기 위해 노력합니다.

1 ③   **2** ㉠, ㉢   **3** ⑤   **4** ①   **5** 예 갯벌에서 조개를 잡습니다. 양식장에서 전복이나 미역을 기릅니다.   **6** ②   **7** ④   **8** 간척   **9** ㉠, ㉡   **10** 예 도시는 많은 사람이 모여 삽니다. 높은 건물이 많습니다.   **11** (1) ×   (2) ○   **12** (2) ○   **13** 서울특별시   **14** 많은   **15** 예 공영 주차장을 만들어 주차 공간을 늘립니다. 대중교통을 늘리고 버스 전용 차로제를 시행합니다.

1 ①, ②, ④는 사람들이 만든 것으로, 인문환경에 속합니다. ③은 자연환경입니다.

2 ㉠ 논, ㉢ 공원은 사람들이 만든 인문환경입니다. ㉡ 산, ㉣ 하천은 자연환경입니다.

문제 속 개념

환경의 의미
- 환경은 우리를 둘러싸고 있는 모든 것을 말합니다. 환경은 크게 자연환경과 인문환경으로 구분할 수 있습니다.
- 자연환경은 자연 그대로 생겨난 환경을 말합니다. 인문환경은 사람들이 만든 환경을 말합니다.

3 제시된 사진은 고랭지 밭의 모습입니다. ①, ④는 들이 펼쳐진 지역, ②, ③은 바다가 있는 지역의 모습입니다.

4 산이 많은 지역의 사람들은 산에서 나무를 얻고 버섯을 기르며 약초를 캡니다. 또한 산비탈의 스키장 주변에서 식당이나 숙박 시설을 운영합니다.

문제 속 개념

산이 많은 지역에서 볼 수 있는 모습
- 스키장이나 썰매장, 삼림욕장 등을 볼 수 있습니다.
- 바람을 이용하여 전기를 만드는 풍력 발전기가 있습니다.
- 물을 저장하거나 전기를 만들어 내는 댐을 볼 수 있습니다.

▲ 삼림욕장

▲ 댐

5 바다가 있는 지역 사람들은 바다를 이용하여 물고기를 잡거나 물놀이를 하며, 배가 드나들 수 있는 항구를 짓습니다.

채점 기준	상	바다를 이용하는 모습을 두 가지 모두 정확히 쓴 경우
	중	바다를 이용하는 모습을 한 가지만 정확히 쓴 경우

이런 답도 가능해!
- 항구나 해수욕장 근처에서 식당이나 숙박 시설을 운영합니다.
- 수산물 직판장에서 생선을 사고팔거나, 물고기를 잡는 기구를 팔거나 수리합니다.

6 제시된 사진은 논의 모습입니다. 들이 펼쳐진 지역에서는 논과 밭에서 농사를 짓습니다.

문제 속 개념

들이 펼쳐진 지역 사람들이 하는 일
- 논이나 밭에서 농사를 짓습니다.
- 비닐하우스에서 곡식이나 채소를 재배합니다.
- 축사에서 소나 돼지와 같은 가축을 기릅니다.
- 회사나 공장에서 일합니다.

▲ 논

▲ 비닐하우스

7 ④ 사람들은 환경을 이용하고 개발하며 살아갑니다. 환경을 이용하고 개발하면 사람들의 생활이 편리해지지만, 피해가 발생하기도 합니다.

문제 속 개념

환경의 이용과 개발에 따른 지역 변화

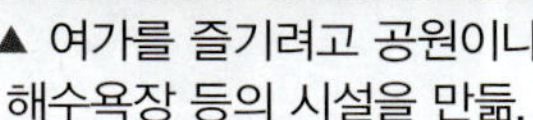

▲ 여가를 즐기려고 공원이나 해수욕장 등의 시설을 만듦.

▲ 빠르고 편리하게 이동하려고 도로나 터널 등을 만듦.

8 간척은 바다나 호수의 일부를 둑으로 막고, 그 안의 물을 빼내어 육지로 만드는 일입니다.

3 단원

평가북

개발에 따른 영종도의 변화

- 영종도 근처에 사는 사람들은 주로 바다에서 물고기를 잡거나 논밭에서 농사를 지었지만, 오늘날에는 공항이나 숙박 시설 등에서 일하는 사람이 많아졌습니다.
- 갯벌의 면적은 줄어들고, 이곳을 찾는 철새의 수가 줄어들었습니다. 영종도 주변 지역에 사는 사람들은 비행기 소음으로 피해를 보기도 합니다.

9 ㉢, ㉣은 환경의 개발로 나타나는 부정적 영향에 대한 설명입니다.

10 우리나라는 1960년대부터 일자리를 찾아 사람들이 도시로 모여들면서 도시에 인구가 많아졌습니다.

채점 tip 사람이 많이 모여 살고, 높은 건물이 많다는 점을 썼으면 정답으로 합니다.

11 도시는 편의 시설이 많습니다. 편리한 교통으로 이동이 쉬워지면서 다양한 산업이 나타납니다.

12 도시에 사는 사람들은 회사나 공장에서 일합니다. (1) 염전에서 소금을 얻는 모습은 바다가 있는 지역에서 볼 수 있습니다.

도시에 사는 사람들의 모습

주로 아파트나 연립 주택 등의 공동 주택에 삽니다.

백화점이나 대형 할인점에서 필요한 물건을 구매합니다.

회사나 공장 등 다양한 곳에서 다양한 일을 합니다.

도서관, 미술관 등의 문화 시설에서 여가 시간을 보냅니다.

13 서울특별시는 회사, 상업 시설, 문화 시설 등이 모여 있으며 철도, 도로 등 교통 시설도 발달했습니다.

14 도시의 면적은 촌락의 면적보다 좁지만, 도시에 사는 사람은 촌락에 사는 사람보다 훨씬 더 많습니다.

15 제시된 그림은 도시의 교통 문제를 나타낸 것입니다. 도시는 도로에 차가 많아서 교통이 복잡하고 사고도 많이 발생하기 때문에 교통 문제를 해결하기 위해 노력하고 있습니다.

채점 기준	상	도시의 교통 문제를 해결하기 위한 노력을 두 가지 모두 정확히 쓴 경우
	중	도시의 교통 문제를 해결하기 위한 노력을 한 가지만 정확히 쓴 경우

문학, 비문학에 맞는 바른 독해법부터, 독해력을 키우는 어휘 학습까지!

#초등문해력 #완벽라인업 #빠작

비문학 독해에 사회, 과학 교과 개념 더하고!

초등 눈높이에 맞는 문법까지!

동아출판

해설북

백점 사회 4·2

백점 사회 4·2

믿고 보는 동아출판
초등 교재
기초학습서부터 교과서 개념 다지기, 과목별 전문서까지!
초등학교 입학 전부터, 예비 중등까지!
초등학생에게 꼭 필요한 영역을 빠짐없이! 동아출판 초등 교재 라인업

BEST
2022 개정
교육과정
초등 1~2학년
공부 단력
초능력
맞춤법 + 받아쓰기
초등 국어
1·2
쉽고 빠른
맞춤법 학습
받아쓰기
단계별 연습
국어 교과서
어휘 학습

초능력
비주얼씽킹 과학
초능력
비주얼씽킹 초등한국사
초능력
수학 연산
초능력
국어 독해
초능력
급수 한자

초등 영역별 기초학습서
초능력 국어 / 수학 / 과학 / 한국사 / 한자

초고필
비문학 독해1
5~6학년
예비 중등

초고필
유리수의 사칙연산
초고필
지금 국어 문법을 해야 할 때
초고필
국어 어휘를 해야 할 때
초고필
지금 한국사를 해야 할 때
반편성 배치고사 + 진단평가

예비 중등
초고필 국어 / 수학 / 한국사
적중 반편성 배치고사 + 진단평가